\ 頭にしみこむ /
メモリータイム！

寝る前 5 分
暗記ブック

中1

JN028390

Gakken

もくじ

★ 社会

★ 国語 ※国語は後ろ側から始まります。

この本の特長と使い方

★ この本の特長

暗記に最も適した時間「寝る前」で、効率よく暗記！

この本は、「寝る前の暗記が記憶の定着をうながす」というメソッドをもとにして、中1の5教科の重要なところだけを集めた参考書です。

暗記に最適な時間を上手に活用して、中1の重要ポイントを効率よくおぼえましょう。

★ この本の使い方

この本は、1項目2ページの構成になっていて、5分間で手軽に読めるようにまとめてあります。赤フィルターを使って、赤文字の要点をチェックしてみましょう。

① 1ページ目の「今夜おぼえること」（英語では「今夜のお話」）では、その項目の重要ポイントを、ゴロ合わせや図解でわかりやすくまとめてあります。

② 2ページ目の「今夜のおさらい」では、1ページ目の内容をやさしい文章でくわしく説明しています。読み終えたら、「寝る前にもう一度」で重要ポイントをもう一度確認しましょう。

英語

★ 今夜のお話

Saki : **Hello. 🌸 I am Sato Saki.**
サキ　　こんにちは。　　　　　私は佐藤サキです。

Are you Michael?
あなたはマイケルですか。

Mike : **Yes, I am. 🌙 Please call me Mike.**
マイク　はい、そうです。　　　　マイクと呼んでください。

Saki : **Nice to meet you, Mike.**
はじめまして、マイク。

Mike : **Nice to meet you, too.**
こちらこそ、はじめまして。

Saki : **Are you tired?**
疲れてる？

Mike: **No, I'm not.**
ううん、疲れていないよ。

I'm fine. Thanks.
元気だよ。ありがとう。

5

🌠 I am 〜.は「私は〜です」という意味です。名前のほかに、状態や職業を表す語などがきます。短縮形 I'm がよく使われます。**Are you 〜?** は「あなたは〜ですか」と相手にたずねる言い方です。

> 例 I am busy.（私は忙しいです。）
> Are you from Tokyo?
> （あなたは東京出身ですか。）

Are you 〜? に答えるときは、**Yes**, I am.（はい、そうです。）や **No**, I'm not.（いいえ、ちがいます。）などと答えます。

> 「私は〜ではありません」（否定文）と言うときは、I'm not 〜. のように not を am のあとに入れるよ！

🌙 **Please call me 〜.** は「私を〜と呼んでください」という意味です。

> 自分をどう呼んでほしいか伝える言い方だね！

💤 寝る前にもう一度

> 🌠 I am Sato Saki.
> 🌙 Please call me Mike.

6

英語

★ 今夜のお話

Saki : ✿ **This is my house. Please come in.**
サキ　　　これは私の家よ。　　　　　　　　　　どうぞ，中に入って。

Mike : **Wow, it's very Japanese. It's nice.**
マイク　わー，とても日本的だね。　　　　　　　　すてきだね。

Saki : **This is my room.**
　　　　これは私の部屋。

　　　　And ☽ that is your room.
　　　　そして，　　　あちらがあなたの部屋よ。

Mike : **Oh, OK. ✨ Is that my name?**
　　　　ああ，わかった。　　　あれはぼくの名前？

Saki : **Yes, it is! It's in Japanese.**
　　　　そうよ！　　　　日本語でよ。

Mike : **Cool! Thanks.**
　　　　かっこいい！　ありがとう。

🌙🌛 近くのものをさして「これは〜です」と言うときは、[This] is 〜.を使います。離れたものをさして「あれは〜です」と言うときは、[That] is 〜.を使います。[That's]のように、短縮して使うことも多いです。

> This is のあとに人物を続けると、「こちらは〜です」と人を紹介する言い方になるよ。

例 [This] is my brother, Ken.
（こちらは私の兄［弟］のケンです。）

✦ Is that 〜?は「あれは〜ですか」という意味です。近くのものの場合は、Is [this] 〜?（これは〜ですか。）になります。

答えるときは、Yes, [it] is.（はい、そうです。）や No, [it] isn't.（いいえ、ちがいます。）などと答えるよ。

> am, are, is は be 動詞というよ。
> 疑問文は be 動詞で始めるよ。

💤 寝る前にもう一度

🌙 This is my house.
🌛 That is your room.
🌙 Is that my name? – Yes, it is !

英語

★ 今夜のお話

Mike : Is this your piano?
マイク　これはきみのピアノ？

Saki : Yes, it is. ✪ I play the piano every
サキ　うん，そうよ。　　　　　　私は毎日ピアノをひくの。

day. I like sports, too.
私はスポーツも好きよ。

Mike : Oh, me too! ☽ I play basketball.
わぁ，ぼくも！　　　　　　ぼくはバスケットボールをするよ。

✦ Do you play basketball?
きみはバスケットボールをするの？

Saki : No, I don't. But I sometimes watch
ううん，しない。　　　　でも，ときどきテレビでバスケットボールの試合を

basketball games on TV.
見るよ。

9

🌑🌙「（スポーツ）をする」 と言うときは, **play tennis**（テニスをする）のように, **play**のあとにスポーツ名を続けます。

「（楽器）を演奏する」 と言うときは, play (the) **piano**のように, 楽器名の前に**the**を入れて, 〈**play the**＋楽器名〉と表します。

> play などの be 動詞以外の
> 動詞を一般動詞というよ。

✨**Do you 〜?** は 「あなたは〜しますか」 とたずねる言い方です。 一般動詞の疑問文は, (Do)で文を始めます。**Do you 〜?** には, **Yes, I** (do). （はい。）や**No, I** (don't). （いいえ。）と答えます。

例 **Do you like English?**
  ― Yes, I (do). **/ No, I** (don't).
  （あなたは英語が好きですか。 ― はい。 / いいえ。）

> 一般動詞の否定文は, 動詞の
> 前に don't を入れて作るよ。

💤 寝る前にもう一度
🌑 I play the piano every day.
🌙 I play basketball.
🌑 Do you play basketball? ― No, I don't.

★ 今夜のお話

英語

Mike : **These are my parents. ✿ My father**
マイク　こちらはぼくの両親なんだ。　　　　　　　　　　父は

works at a bank. My mother
銀行で働いているんだ。　　　　　　母は

teaches Japanese at a college.
大学で日本語を教えているよ。

Saki : ☾ **Does your mother speak**
サキ　　　　　　あなたのお母さんは日本語を話すの？

Japanese?

Mike : **Yes, she does.**
うん，話すよ。

Saki : **How about your father?**
あなたのお父さんはどう？

Mike : ✿ **He doesn't speak Japanese.**
彼は日本語を話さないよ。

But he loves Japan.
でも，日本が大好きなんだ。

11

❀ 主語が3人称単数(he, she, itなど)の文では、動詞はwork→worksのように、語尾にsやesがついた形になります。

- ・go → goes ・watch → watches
- ・study → studies ・have → has

> sやesのつけ方を覚えないとね。
> haveは特別な形なんだなあ。

☾ 主語が3人称単数の一般動詞の疑問文は、Doesで文を始めます。動詞は原形(sがつかない形)を使います。

例 Does he like tennis?
－ Yes, he does. / No, he doesn't.
(彼はテニスが好きですか。－はい。／いいえ。)

✧ 主語が3人称単数で「～しません」と言うときは、動詞の前にdoesn'tを入れます。疑問文と同じく、動詞は原形にします。

💤 寝る前にもう一度

❀ My father works at a bank.
☾ Does your mother speak Japanese? – Yes, she does.
✧ He doesn't speak Japanese.

★ 今夜のお話

英語

Saki : ✦ How many brothers or sisters
サキ　　　　きょうだいは何人いるの？（何人きょうだいなの？）

do you have?

Mike : I have one sister.
マイク　　姉が1人いるよ。

Saki : ☾ What is her name?
彼女の名前は何？

Mike : Kate.
ケイト。

Saki : ✦ How old is she?
彼女は何歳なの？

Mike : She's sixteen.
16歳だよ。

She's a high school student.
高校生なんだ。

13

💠 (How) (many) 〜？は「いくつの〜？」という意味で，数をたずねるときに使います。きょうだいの人数をたずねるときは，**brothers or sisters**（兄弟または姉妹）をあとに続けます。

> many のあとに続く名詞は複数形になるよ。具体的に数を答えよう。

🌙 **what**は「何」とたずねるときに使う疑問詞です。

例 (What) **is this? – It's sushi.**

（これは何ですか。 ― すしです。）

✦ **How** (old) 〜？は人の年齢や建物などの古さをたずねるときに使います。

例 **How** (much) **is it?** （いくらですか。）

How (tall) **are you?** （身長はどのくらいですか。）

> How のあとの形容詞を変えると，いろんなことがたずねられるね！

💤 寝る前にもう一度

💠 How many brothers or sisters do you have?

🌙 What is her name? – Kate.

🌙 How old is she? – She's sixteen.

14

英語

★ 今夜のお話

Ken : Hi, Saki! ★ Who is that boy?
ケン　　やあ、サキ！　　　あの男の子はだれ？

Saki : Oh, hi, Ken. He's Mike.
サキ　　あ、こんにちは、ケン。　彼はマイクよ。

He's a foreign student.
彼は留学生なの。

Ken : ☽ Where is he from?
彼はどこの出身なの？

Saki : He's from New York.
彼はニューヨーク出身よ。

Ken : ✦ What language does he speak?
何語を話すの？

Saki : He speaks English and a little
彼は英語と少し日本語を話すのよ！

Japanese!

15

🌟 **Who is ～?**は「～は だれ ですか」という意味。

例 **Who** is that woman?　（あの女の人はだれですか。）
— She is Ms. Yamada.　（彼女は山田さんです。）

名前のほかに、She is my mother.（母です。）
のように自分との関係を答えてもいいよ。

🌙 **where**は「 どこ 」という意味で、場所をたずねる疑問詞です。

例 **Where** do you live?
— I live in Osaka.

（あなたはどこに住んでいますか。— 大阪に住んでいます。）

🌟 **〈What 名詞 ～?〉**は「 何の ～?」という意味。

例 What **sport** do you like?
— I like soccer.

（何のスポーツが好きですか。— サッカーが好きです。）

What animal（何の動物）やWhat fruit（何
の果物）とか、いろいろ聞けるね。

💤 寝る前にもう一度

🌟 Who is that boy? — He's Mike.
🌙 Where is he from? — He's from New York.
🌟 What language does he speak?

16

★ 今夜のお話

Mike : I'm hungry. 🌼 What time is it?
マイク　　おなかがすいたよ。　　　　何時？

Ken : It's already one. Do you know a
ケン　　もう1時だよ。　　　　　　　　いいレストランを知っている，サキ？

good restaurant, Saki?

Saki : Mike, 🌙 which do you like, *gyudon*
サキ　　マイク，　　牛丼とお好み焼きのどちらが好き？

or *okonomiyaki*?

Mike : Umm, *gyudon*.
　　　　そうだなー，牛丼で。

Saki : OK. This way!
　　　　オッケー。　こっちよ！

17

❁ **What time is it?** は「何時ですか。」と時刻をたずねる言い方です。 時刻や天気や寒暖などを表す文では it を主語に使います。 この it には「それ」という意味はありません。

例 It's sunny and hot today.
（今日は, 晴れていて暑いです。）

> What time do you go to bed?
> （きみは何時にねるの？）

☽ **which** は「どれ」「どちら」とたずねるときに使います。 **A or B?** は「AとBのどちら?」の意味です。

例 Which is your favorite color, red or blue? - Red is.
（あなたのいちばん好きな色は赤と青のどちらですか。 - 赤です。）

> Which color do you like, red or blue? のように, 〈Which + 名詞〉の形で聞いてもいいよ。

寝る前にもう一度

❁ What time is it? - It's already one.
☽ Which do you like, gyudon or okonomiyaki?

★ 今夜のお話

英語

Mr. Hill : Now, everybody. ✿ Close your
ヒル先生　さあ, みなさん。　　　　　　　　　　　　本を閉じて。

books. Listen to this new song.
この新しい歌を聞いて。

Students : OK, Mr. Hill.
生徒たち　　はい, ヒル先生。

Mr. Hill : Now, these are the lyrics.
では, これらが歌詞です。

☽ Let's sing the song together.
一緒にその歌を歌いましょう。

✦ Don't be shy.
はずかしがらないでね。

Students : OK, Mr. Hill.
わかりました, ヒル先生。

19

😺 主語の**You**を省略して，動詞で文を始めると，「〜しなさい」と指示する言い方になります。be動詞の命令文は，**Be**で文を始めます。

例 Open your books.　（本を開きなさい。）
　　Be quiet.　（静かにしなさい。）

please（どうぞ）をつけると，ていねいな感じになるよ。

🌙 命令文の前に Let's をおくと，「〜しましょう」と相手を誘う表現になります。

例 Let's go shopping.　（買い物に行きましょう。）

Let's 〜. のように誘われたら，Yes, let's. （はい，そうしましょう。）や OK. （いいよ。）などと答えるといいね。

✨ 命令文の前に**Don't**をおくと，「〜してはいけません」という否定の命令文になります。

例 Don't run here.　（ここで走ってはいけません。）
　　Don't be late.　（遅れてはいけないよ。）

💤 寝る前にもう一度

😺 Close your books.
🌙 Let's sing the song together.
✨ Don't be shy.

20

英語

★ 今夜のお話

Kate : Hello?
ケイト　もしもし？

Mike : Hi, Kate. This is Mike.
マイク　やあ, ケイト。　マイクだよ。

Kate : Wow! Hi, Mike. How's Japan?
わー！　こんにちは, マイク。　日本はどう？

Mike : It's just great! By the way,
ただただ最高だよ！　ところで,

 are you watching TV?
テレビを見ているの？

Kate : No, I'm not. I am having lunch outside.
ううん, ちがうよ。　外でお昼を食べているのよ。

Mike : Oh, I see. What are you eating?
あー, なるほど。　何を食べているの？

Kate : I'm eating a hot dog.
ホットドッグを食べているの。

Mike : Oh, I miss hot dogs!
あー, ホットドッグが恋しいな！

21

🌙 〈be動詞+〜ing〉で、「〜しているところだ」という意味で、動作が進行中であることを表します。

例 Tom (is) (swimming) in the pool.
（トムはプールで泳いでいます。）

- read → (reading)   - make → (making)
- run → (running)   - sit → (sitting)

like（〜が好きだ）やknow（〜を知っている）などの状態を表す動詞は進行形にはしないよ。

🌙 現在進行形の疑問文はbe動詞を主語の前に出します。What are you 〜ing? は「あなたは何を〜していますか」とたずねる文です。

例 (Is) he cooking?　（彼は料理していますか。）
　 − Yes, he (is). / No, he (isn't).　（はい。/いいえ。）

例 What are you (doing)?
　 − I'm (studying) math.
（あなたは何をしていますか。− 数学を勉強しています。）

現在進行形を使って、現在していることを具体的に答えるよ。

💤 寝る前にもう一度

🌙 Are you watching TV? − No, I'm not.
🌙 What are you eating?
🌙 I'm eating a hot dog.

★ 今夜のお話

Mike : Do you eat curry in Japan?
マイク 　日本ではカレーを食べるの？

Ken : Yes, we do. And ⚙ I can make curry.
ケン 　うん，食べるよ。　　　そして，　　ぼくはカレーを作れるよ。

Mike : Really? ⚙ I can't eat hot food.
本当に？　　　ぼくは辛い食べ物が食べられないんだ。

Ken : 🌙 Can you eat wasabi?
わさびは食べられる？

Mike : I don't know. What's wasabi?
わからないな。　　　わさびって何？

Ken : It's with sushi and cold soba.
おすしや冷たいそばについているよ。

It's green.
緑色なんだ。

Mike : Oh, I know it!
あ，知っているよ！

It's not bad.
わさびは悪くないよ（なかなかいいよ）。

✿ **can**は動詞の前において 「 ～できる 」 という
意味をつけ加えます。 主語の人称や数に関係な
く， あとの動詞はいつも**原形**にします。 **can**の否
定文では， can't[cannot] を使います。

例 She can run fast. （彼女は遠く走ることができます。）
　 He can't[cannot] swim. （彼は泳げません。）

> can't は cannot の短縮形だよ。

❍ **Can you ～?** のように**can**を主語の前に出す
と， 「～できますか」 と疑問文になります。 答え
るときも**can**を使うことが多いです。

例 Can you play the violin?
　 — Yes, I can . /
　 　 No, I can't[cannot] .
（あなたはバイオリンをひけますか。 —はい。 / いいえ。）

💤 寝る前にもう一度

✿ I can make curry.
✿ I can't eat hot food.
❍ Can you eat *wasabi*?

英語

★ 今夜のお話

Saki : Mr. Hill, ☆ I went to Mt. Fuji
サキ　　ヒル先生,　　　　　　　　先週末, 富士山に行きました。

last weekend.

Mr. Hill : Really? 🌙 Did you climb Mt. Fuji?
ヒル先生　　本当?　　　　　　富士山に登ったの?

Saki : Yes, I did. I made it to the top!
はい。　　　　頂上までたどり着きました!

Mr. Hill : Wonderful!
すばらしい!

Saki : ✨ What did you do last weekend?
先生は先週末何をしましたか。

Mr. Hill : I played tennis.
私はテニスをしたよ。

I had a great time.
楽しい時間を過ごしたよ。

25

☆ 過去のことを言うときは，動詞を過去形にします。過去形は動詞の語尾にedまたはdをつけて作りますが，不規則に変化する動詞もあるので注意しましょう。

- **go**(行く) → went ・ **come**(来る) → came
- **do**(する) → did ・ **get**(手に入れる) → got

☽ 一般動詞の過去の疑問文はDidで文を始めます。あとの動詞は原形にします。

答えるときもdidを使うよ。

✨ 疑問詞のある過去の疑問文は，疑問詞のあとに過去の疑問文を続けます。

例 Where did you go yesterday?
（あなたは昨日どこに行きましたか。）

When did he come here?
（彼はいつここに来ましたか。）

💤 寝る前にもう一度

- ☆ I went to Mt. Fuji last weekend.
- ☽ Did you climb Mt. Fuji? – Yes, I did.
- ✨ What did you do last weekend? – I played tennis.

英語

★ 今夜のお話

Mike : **It snowed last night.**
マイク　　昨夜は雪が降ったね。

🌃 **It was very cold.**
とても寒かったよ。

🌙 **What were you doing last night?**
きみは昨日の夜は何をしていたの？

Saki : ✨ **I was watching a movie at home.**
サキ　　家で映画を見ていたわ。

It was about deep-sea creatures.
深海の生物の話だったわ。

Mike : **How was it?**
どうだった？

Saki : **It was interesting.**
おもしろかったよ。

I enjoyed it a lot.
すごく楽しかったわ。

27

😺 「〜だった」と過去のことを表すときは，**be動詞の過去形**を使います。amやisは was に，areは were になります。

例 I was tired yesterday.
（私は昨日疲れていました。）

文の作り方は，現在形のときと同じだね。

Were you busy last night?
– No, I wasn't.
（あなたは昨夜忙しかったですか。 – いいえ。）

🌙✨ **〈was / were＋動詞のing形〉** は「〜していた」という過去進行形の意味を表します。**What were you doing?** で，「あなたは何をしていましたか。」とたずねる言い方になります。

例 I was studying English then.
（私はそのとき英語を勉強していました。）

They were running .（彼らは走っていました。）

💤 寝る前にもう一度
😺 It was very cold.
🌙 What were you doing last night?
😺 I was watching a movie at home.

28

★ 今夜のお話

Saki : Oh, I'm hungry. I want to eat
サキ　　　ああ，おなかが空いたわ。　　　　何か食べたいな。

something.

Mike : Saki, are there any coffee shops
マイク　　サキ，この近くに喫茶店はあるの？

near here?

Saki : I don't know. Mike, look! ☆ There is
わからないわ。　　　　　マイク，見て！　　　向こうに

a coffee shop over there.
喫茶店があるわ。

🌙 It looks nice.
よさそうよ。

Mike : Yes. Let's go.
そうだね。行ってみよう。

Saki : Wow, everything looks
わあ，みんなおいしそう。

delicious. I can't decide.
　　　　　　決められないな。

英語

✦ There is ～．や There are ～．は「～がある」「～がいる」という意味です。be動詞のあとの名詞が単数か複数かに合わせて，isとareを使い分けます。

例 There is a big park near my house.
（私の家の近くに大きな公園があります。）

There are some students in the gym.
（体育館には何人か生徒がいます。）

There is/are のあとは，my ～や the ～のような「特定のもの」は続かない。だから There is my bag. なんて言わないんだ。

☽ look はすぐあとに形容詞がくると，「～に見える」という意味になります。 sound （～に聞こえる）なども同じ形の文を作ります。

例 You look happy.
（あなたはうれしそうに見えます。）

look at ～（～を見る）と区別しよう。

･‥(ZZ)寝る前にもう一度‥････
✦ There is a coffee shop over there.
☽ It looks nice.

★ 今夜おぼえること

数学

☆ 減法は，ひく数の符号を変えて，加法になおして計算。

減法を加法に

例　$(-5)-(-4)=(-5)+(+4)=-1$

符号を変える

☽ 2数の積・商の符号 $\begin{cases} 同符号→+ \\ 異符号→- \end{cases}$

同符号

例　$(-3)×(-6)=+(3×6)=+18$

絶対値の積

異符号

$(-8)÷(+2)=-(8÷2)=-4$

絶対値の商

$(-3)×(-4)×(-5)$

$=-(3×4×5)$

$=-60$

3つ以上の数の積の符号は，負の数が偶数個ならば＋奇数個ならば－だよ。

31

✿ 同じ符号の 2 つの数の和は, 絶対値の $\boxed{和}$ に, $\boxed{共通}$ の符号をつけます。 異なる符号の 2 つの数の和は, 絶対値の $\boxed{差}$ に, 絶対値の $\boxed{大きい}$ ほうの符号をつけます。

　減法は, ひく数の $\boxed{符号}$ を変えて, $\boxed{加法}$ になおして計算します。

例　$(-2) + (-7) = \boxed{-}(2 + \boxed{7}) = \boxed{-9}$

　　$(+3) + (-8) = \boxed{-}(8 \boxed{-} 3) = \boxed{-5}$

　　$(-6) - (+4) = (-6) + \boxed{(-4)} = \boxed{-10}$

☾ 同じ符号の 2 つの数の積や商の符号は $\boxed{+}$, 異なる符号の 2 つの数の積や商の符号は $\boxed{-}$ になります。

　また, 乗除の混じった計算は, わる数の $\boxed{逆数}$ をかけて, 乗法だけの式になおして計算します。

例　$(-2) \div \dfrac{3}{4} \times (-6) = (-2) \boxed{\times \dfrac{4}{3}} \times (-6) = \boxed{+16}$

⋯ 😴 寝る前にもう一度 ⋯

✿ 減法は, ひく数の符号を変えて, 加法になおして計算。

☾ 2 数の積・商の符号…同符号→＋, 異符号→－

32

数学

★今夜おぼえること

✦✦ 四則の混じった計算は，（　）の中・累乗→×・÷ →＋・－の順に計算。

例
$$12 + (7 - 9) \times (-3)^2$$
$$= 12 + (-2) \times 9$$
$$= 12 + (-18)$$
$$= -6$$

├ （　）の中・累乗
├ 乗法
├ 加法

$(-3)^2$ は -3 を 2個かけ合わせたものだよ。

🌙 分配法則 ▶ $(a + b) \times c = \underset{①}{a \times c} + \underset{②}{b \times c}$

分配法則を使うと，計算がカンタンになる場合がある。

例
$$\left(\frac{1}{8} + \frac{5}{6}\right) \times (-24)$$
$$= \frac{1}{8} \times (-24) + \frac{5}{6} \times (-24)$$
$$= -3 + (-20)$$
$$= -23$$

分数×整数＝整数になるときは，分配法則を利用しよう。

✿ 四則の混じった式は，次の①〜③の順に計算します。

① ( )の中・累乗

② 乗法 ・除法

③ 加法・ 減法

$$20 - (5 - 8) \times (-2)^3$$

累乗では，次の計算のちがいに注意します。

例 $(-3)^2 = (-3) \times (-3) = \boxed{+}\,9$

$-3^2 = -(3 \times 3) = \boxed{-}\,9$

☽ 次の計算法則を，分配法則 といいます。

$$(a + b) \times c = \boxed{a} \times c + \boxed{b} \times c$$

$$c \times (a + b) = \boxed{c \times a} + \boxed{c \times b}$$

また，分配法則は，逆向き にも使えます。

例 $28 \times 3.14 + 72 \times 3.14$ ⎤ $a \times c + b \times c = (a + b) \times c$

$= (28 + \boxed{72}) \times \boxed{3.14}$ ⎦ を利用

$= \boxed{100} \times \boxed{3.14}$

$= \boxed{314}$

···(zzz)寝る前にもう一度···

✿ 四則の混じった計算は，( )の中・累乗→×・÷→+・−
の順に計算。

☽ 分配法則▶ $(a + b) \times c = a \times c + b \times c$

★今夜おぼえること

✪加法だけの式で，＋で結ばれた1つ1つが項，文字をふくむ項の数の部分が係数。

例 $4x - 7y + 2 = 4x + (-7y) + 2$ だから，
項は，$4x$，$-7y$，2。xの係数は4，yの係数は-7

☾文字の部分が同じ項は，$mx + nx = (m + n)x$ を使って，1つの項にまとめられる。

例 $3x + 5x = (3 + 5)x = 8x$
　　　　　　　↑
　　　　係数どうしの和

$(6a + 2) - (4a + 5)$ ⎤ －（ ）は，各項
$= 6a + 2 - 4a - 5$ ⎦の符号を変えてかっこをはずす
$= 6a - 4a + 2 - 5$
$= 2a - 3$

＋（ ）は，そのままかっこをはずせばいいよ。

数学

☆項を求めるには，式を加法だけの式になおします。

$$4x - 7y + 2 = \underbrace{4x}_{} + \underbrace{(-7y)}_{\text{係数}} + \underbrace{2}_{}$$

（項）

次のような項の係数は，まちがえやすいので注意しましょう。

例　x の係数 → $\boxed{1}$，$-y$ の係数 → $\boxed{-1}$，$\dfrac{a}{5}$ の係数 → $\boxed{\dfrac{1}{5}}$

◑文字の部分が同じ項は，係数どうしを計算して1つにまとめることができます。

かっこのある式の計算は，かっこをはずし，文字の部分が同じ項，数の項をそれぞれまとめます。

例　$(3x - 7) - (9x - 2)$
$= 3x - 7 \boxed{-9x + 2}$
$= 3x \boxed{-9x} - 7 \boxed{+2}$
$= \boxed{-6x - 5}$

● $-(\ )$ のかっこのはずし方
$-(a + b) = \boxed{-}a\boxed{-}b$
$-(a - b) = \boxed{-}a\boxed{+}b$

····☆寝る前にもう一度····

☆加法だけの式で，＋で結ばれた1つ1つが項，文字をふくむ項の数の部分が係数。

◑文字の部分が同じ項は，$mx + nx = (m + n)x$ を使って，1つの項にまとめられる。

★ 今夜おぼえること

☆項が1つの式と数との乗法

▶数どうしの積に文字をかける。

項が1つの式と数との除法

▶わる数を逆数にしてかける。

例 $3a \times 8 = \underline{3 \times 8} \times a = 24a$

　　　　数どうしの積

$6b \div \dfrac{3}{4} = \underline{6b \times \dfrac{4}{3}} = 6 \times \dfrac{4}{3} \times b = 8b$

　　　逆数にしてかける

☽項が2つの式と数との乗法

は、分配法則を使う。

例 $3(2x + 5) = 3 \times 2x + 3 \times 5 = 6x + 15$

除法は、逆数を使って乗法になおして計算する。

例 $(6y + 4) \div \dfrac{2}{5} = (6y + 4) \times \dfrac{5}{2} = 6y \times \dfrac{5}{2} + 4 \times \dfrac{5}{2} = 15y + 10$

数学

😊項が 1 つの式と数との乗法は，数どうしの**積**を求め，それに 文字 をかけます。

　除法は，わる数を**逆数**にして 乗法 になおして計算するか， 分数 の形にして**数どうしを約分し**ます。

例　$30x \div (-5) = 30x \boxed{\times \left(-\dfrac{1}{5}\right)} = 30 \times \left(-\dfrac{1}{5}\right) \times x = \boxed{-6x}$

　　　　　　　└── 逆数をかける

$30x \div (-5) = \dfrac{\boxed{30x}}{-5} = \boxed{-6x}$

　　　　　　└── 分数の形にして約分

🌙項が 2 つの式と数との乗法は， 分配法則 を使って，かっこの外の数をかっこの中の**すべての項**にかけます。

> かける数が負の数のときは，符号に注意してかっこをはずそうね。

例　$-4(3x - 7)$

$= \boxed{-4} \times 3x + \boxed{(-4)} \times (-7)$

$= \boxed{-12x + 28}$

😊項が 1 つの式と数との乗法▶数どうしの積に文字をかける。
　項が 1 つの式と数との除法▶わる数を逆数にしてかける。
🌙項が 2 つの式と数との乗法は，分配法則を使う。

★今夜おぼえること

数学

⚉ **1次方程式は,移項して** $ax = b$

の形に整理して解く。

例

$$5x - 2 = 3x + 6$$
$$5x - 3x = 6 + 2$$
$$2x = 8$$
$$x = 4$$

文字の項を左辺に,
数の項を右辺に移項

$ax = b$ の形に整理

両辺を x の係数 a でわる

🌙 **係数に小数や分数がある方**

程式は,係数を整数になおす。

例　$0.7x + 0.8 = 0.6x - 1$

両辺に10をかけて, $(0.7x + 0.8) \times 10 = (0.6x - 1) \times 10$

よって, $7x + 8 = 6x - 10$　これを解くと, $x = -18$

例　$\dfrac{1}{3}x + 9 = \dfrac{3}{2}x - 5$

両辺に6をかけて, $\left(\dfrac{1}{3}x + 9\right) \times 6 = \left(\dfrac{3}{2}x - 5\right) \times 6$

よって, $2x + 54 = 9x - 30$

これを解くと, $-7x = -84$, $x = 12$

☽等式の一方の辺にある項を，その項の符号を変えて，他方の辺に移すことを 移項 といいます。

例 $2x + 3 = 7$

移項

$2x = 7 \boxed{-3}$

符号が変わる

基本的な方程式の解き方は，次のようになります。

①文字の項を左辺に，数の項を右辺に移項。
② $ax = b$ の形に整理。
③両辺を x の係数 a でわる。

例 $6x + 7 = x - 8$

$6x \boxed{-x} = -8 \boxed{-7}$ ①

$\boxed{5}x = \boxed{-15}$ ②

$x = \boxed{-3}$ ③

☾係数に小数がある方程式は，両辺に $\boxed{10}$，$\boxed{100}$，…をかけて，係数を 整数 にします。

係数に分数がある方程式は，両辺に 分母の $\boxed{最小公倍数}$ をかけて，係数を 整数 にします。これを 分母をはらう といいます。

💤寝る前にもう一度
☽1次方程式は，移項して $ax = b$ の形に整理して解く。
☾係数に小数や分数がある方程式は，係数を整数になおす。

★今夜おぼえること

✦✦ 速さの問題 ▶ 速さ＝道のり÷時間
（時間＝道のり÷速さ，道のり＝速さ×時間）

代金の問題 ▶ 代金＝1個の値段×個数

数学

例1　x km の道のりを行きは時速4kmで歩き，帰りは時速3kmで歩き，全体で3時間30分かかった。

時間の関係から，$\underset{\text{行きの時間}}{\frac{x}{4}} + \underset{\text{帰りの時間}}{\frac{x}{3}} = 3\boxed{\frac{30}{60}}$ ← 時間の単位で表す

例2　50円と80円のシールを合わせて12枚買ったら，代金の合計が750円だった。50円のシールをx枚買ったとすると，80円のシールは12−x(枚)だから，

$\underset{\text{50円のシールの代金}}{50x} + \underset{\text{80円のシールの代金}}{80(12-x)} = 750$

🌙 $a : b = m : n$ ならば $an = bm$

例　$\overset{①}{\underset{②}{x : 16}} = 3 : 4$で，$x$の値を比例式の性質を使って

求めると，$\underset{①}{4x} = \underset{②}{16 \times 3}$，$4x = 48$，$x = 12$

😊速さの問題では，右の図の関係を利用します。

また，代金の問題では，

代金＝1個の[値段]×個数を利用します。

前ページの[例1]の方程式を解くと，両辺を12倍して，

$3x + 4x = 42$，[$7x$] $= 42$，$x =$ [6]　道のりは 6 km

この解(かい)は問題にあっている。 ←道のりは正の数

前ページの[例2]の方程式を解くと，

$50x + 960 - 80x = 750$，[$-30x$] $= -210$，$x =$ [7]

したがって，50円のシールは[7]枚。

また，80円のシールは，12 − [7] = [5]（枚）

この解は問題にあっている。 ←枚数は自然数

🌙比例式 a : b = m : n は，比が[等しい]ことを表す式で，次の性質があります。

　　　a : b = m : n ならば　an = [bm]

💤寝る前にもう一度

😊速さの問題▶速さ＝道のり÷時間

　（時間＝道のり÷速さ，道のり＝速さ×時間）

　代金の問題▶代金＝1個の値段×個数

🌙a : b = m : n ならば an = bm

右の図：

道のり
─────
速さ×時間

★ 今夜おぼえること

比例の式 ▶ $y = ax$ （$a \neq 0$）aは比例定数

例　yはxに比例し，x = 3のとき y = −12である場合，

　　比例定数をaとすると，$y = ax$ とおける。この式に

　　x = 3，y = −12を代入して，

　　　　$-12 = a \times 3$

　　　　　$a = -4$

　　したがって，式は，$y = -4x$

> このx, yのように，
> いろいろな値をとる
> 文字を変数というよ。

🌙 **比例のグラフ** ▶ 原点を通る直線。

a > 0
右上がり
の直線

a < 0
右下がり
の直線

比例のグラフから式を求める方法

①グラフが通る点のうち，x座標，y座標がともに整数

　である点を見つける。

②①の点のx座標，y座標の値を $y = ax$ に代入して，

　aの値を求める。

数学

😺 yがxの関数で、式が $y = ax$ で表されるとき、**yはxに比例する**といいます。

また、aを 比例定数 といいます。

比例の性質には、次の2つがあります。

① xの値が2倍、3倍、…になると、yの値も 2 倍、3 倍、…になる。

② x ≠ 0 のとき、商 $\frac{y}{x}$ の値は**一定**で、

$$\frac{y}{x} = a$$

比例定数 a に等しい。

🌙 $y = ax$ のグラフは、 原点 を通る 直線 です。グラフをかくには、 原点 と原点以外のもう1点を通る 直線 をひきます。

例　$y = 3x$ のグラフのかき方
　　x = 1 のとき y = 3
　　したがって、 原点 と
　　点（ 1 , 3 ）を通る直線
　　をひく。

グラフが通る点をとる

原点ともう1点を通る直線をひく

😴 寝る前にもう一度

😺 比例の式 ▶ $y = ax$（a ≠ 0）aは比例定数

🌙 比例のグラフ ▶ 原点を通る直線。

★今夜おぼえること

☆☆ 反比例の式 ▶ $y = \dfrac{a}{x}$ （$a \neq 0$）a は比例定数

> **例** y は x に反比例し，$x = 2$ のとき $y = 3$ である場合，
>
> 比例定数を a とすると，$y = \dfrac{a}{x}$ とおける。この式に
>
> $x = 2$，$y = 3$ を代入して，
>
> $3 = \dfrac{a}{2}$，$a = 6$
>
> したがって，式は，$y = \dfrac{6}{x}$

反比例の式は，
$xy = a$
と表すことも
できるよ。

🌙 反比例のグラフ ▶ **双曲線**

$a > 0$	$a < 0$
Ⅰ と Ⅲ の部分にある。	Ⅱ と Ⅳ の部分にある。

反比例のグラフから式を求める方法

① グラフが通る点の座標を読みとる。

② ①の点の x 座標，y 座標の値を $y = \dfrac{a}{x}$ に代入して，a の値を求める。

数学

45

😊 y が x の関数で、式が $\boxed{y = \dfrac{a}{x}}$ で表されるとき、

y は x に反比例する といいます。

　また、a を $\boxed{比例定数}$ といいます。

　反比例の性質には、次の 2 つがあります。

① x の値が 2 倍、3 倍、…になると、y の値は

$\boxed{\dfrac{1}{2}}$ 倍、$\boxed{\dfrac{1}{3}}$ 倍、…になる。

② 積 $\boxed{xy}$ の値は一定で、比例定数 a に等しい。

🌙 $y = \dfrac{a}{x}$ のグラフは、双曲線（そうきょくせん）とよばれる $\boxed{2}$ つの

なめらかな曲線になります。

● $y = \dfrac{a}{x}$ のグラフのかき方

①対応する x, y の値を求める。

②それらの値の組を $\boxed{座標}$ とする

　点をとる。

③とった点をなめらかな2つの $\boxed{曲線}$ で結ぶ。

双曲線は、
x 軸, y 軸
とは交わら
ないよ。

💤 寝る前にもう一度

😊 反比例の式 ▶ $y = \dfrac{a}{x}$ （$a \neq 0$）a は比例定数

🌙 反比例のグラフ ▶ 双曲線

46

★ 今夜おぼえること

円周の長さ ▶ $\ell = 2\pi r$

円の面積 ▶ $S = \pi r^2$

数学

例 右の図の円周の長さは，

$2\pi \times 6 = 12\pi$ (cm)

面積は， $\pi \times 6^2 = 36\pi$ (cm²)

おうぎ形の弧の長さ ▶ $\ell = 2\pi r \times \dfrac{a}{360}$

おうぎ形の面積 ▶ $S = \pi r^2 \times \dfrac{a}{360}$

例 右の図のおうぎ形の弧の長さは，

$2\pi \times 8 \times \dfrac{225}{360} = 10\pi$ (cm)

面積は， $\pi \times 8^2 \times \dfrac{225}{360} = 40\pi$ (cm²)

おうぎ形の面積は，
弧の長さと半径から
求めることもできるよ。

$S = \dfrac{1}{2}\ell r$

☆点○を中心とする円を <u>円○</u> といいます。

円周上の２点A，Bを結ぶ線
分を 弦AB といいます。Aから B
までの円周の部分を 弧AB とい
い，AB と表します。

弧AB　弦AB

円の周のことを
円周といったね。

●円の弧の両端を通る２つの
半径とその弧で囲まれた図形
を おうぎ形 といい，２つの半径
のつくる角を 中心角 といいます。

おうぎ形　弧
中心角
半径　○ 半径

また，１つの円では，おうぎ形の弧の長さや面
積は，中心角の大きさに 比例 します。

例　右のおうぎ形の中心角の大きさは，

$$360° × \frac{\overparen{AB} \text{の長さ}}{\text{円○の円周}} = 360° × \frac{6π}{2π × 9}$$

$$= 120°$$

6π cm
A
B
○ 9cm

┈┈ 寝る前にもう一度 ┈┈┈┈┈

☆円周の長さ ▶ $ℓ = 2πr$，円の面積 ▶ $S = πr^2$

●おうぎ形の弧の長さ ▶ $ℓ = 2πr × \frac{a}{360}$，面積 ▶ $S = πr^2 × \frac{a}{360}$

数学

★ 今夜おぼえること

角柱・円柱の表面積 ▶ **側面積＋底面積×2**

角錐・円錐の表面積 ▶ **側面積＋底面積**

例　右の図の三角柱で，

側面積は，$6 \times (3 + 4 + 5) = 72$ (cm²)
　　　　　　高さ↑　　底面の周の長さ↑

底面積は，$\frac{1}{2} \times 3 \times 4 = 6$ (cm²)

表面積は，$72 + 6 \times 2 = 84$ (cm²)
　　　　　側面積↑　↑底面積

角柱や円柱の
側面の展開図は
長方形になるよ。

角柱・円柱の体積 ▶ $V = Sh$

角錐・円錐の体積 ▶ $V = \frac{1}{3}Sh$

円柱の体積　　円錐の体積
$V = \pi r^2 h$　$V = \frac{1}{3}\pi r^2 h$

例　右の図の円錐の体積は，

$\frac{1}{3} \times \pi \times 4^2 \times 9 = 48\pi$ (cm³)
　　　　　底面積↑　　高さ↑

😺立体のすべての面の面積の和を 表面積 といいます。また，側面全体の面積を 側面積 ，1つの底面の面積を 底面積 といいます。

　円錐（えんすい）の側面積は展開図のおうぎ形の面積，底面積は展開図の円の面積です。

側面積

底面積

重なり合うから，長さは等しい。

🌙角錐や円錐の体積は，底面積と高さが等しい角柱や円柱の体積の $\frac{1}{3}$ になります。

　また，半径 r の球の表面積を S，体積を V とすると，

$$S = 4\pi r^2, \quad V = \frac{4}{3}\pi r^3$$

·· 💤寝る前にもう一度··

😺角柱・円柱の表面積▶側面積＋底面積×2
　角錐・円錐の表面積▶側面積＋底面積
🌙角柱・円柱の体積▶V＝Sh
　角錐・円錐の体積▶V＝$\frac{1}{3}$Sh

★今夜おぼえること

☆相対度数 ＝ その階級の度数 / 度数の合計

例　右の度数分布表で，10分以上
15分未満の階級の相対度数は，
$\frac{8}{25} = 0.32$

最も度数が少ない階級の
相対度数は，$\frac{3}{25} = 0.12$

また，各階級の相対度数の
合計は1になる。

通学時間

階級(分)	度数(人)
以上　未満	
5 ～ 10	5
10 ～ 15	8
15 ～ 20	9
20 ～ 25	3
合　計	25

数学

☽ある階級までの度数の合計が累積度数，相対度数の合計が累積相対度数。

例　上の度数分布表で，次の階級までの累積度数は，
10分以上15分未満の階級まで→5＋8 = 13（人）
15分以上20分未満の階級まで→13＋9 = 22（人）
20分以上25分未満の階級まで→22＋3 = 25（人）

❀度数分布表で，各階級の度数の，度数の合計に対する 割合 を，相対度数といいます。

相対度数は，全体の度数がちがうデータを比べるときに使われるよ。

☾最初の階級から，ある階級までの 度数 の合計を累積度数，相対度数 の合計を累積相対度数といいます。

例

通学時間

階級(分)	度数(人)	相対度数	累積度数(人)	累積相対度数
以上　未満				
5 〜 10	4	→0.20	4	0.20
10 〜 15	9	0.45	→13	0.65 ←
15 〜 20	5	(0.25)	(18)	(0.90)
20 〜 25	2	0.10	20	1.00
合　計	20	1.00		

$\dfrac{4}{20}$

4 + (9)　　0.20 + (0.45)

💤寝る前にもう一度

❀相対度数 = $\dfrac{その階級の度数}{度数の合計}$

☾ある階級までの度数の合計が累積度数，相対度数の合計が累積相対度数。

52

★ 今夜おぼえること

✿ ピントを合わせるときは, 近づけてから遠ざける。

オーライ　オーライ　サガリマース　サガリマース

対物レンズと
プレパラート
がぶつからな
いようにね。

▲ステージ上下式顕微鏡（けんびきょう）

理科

☾ ミドリムシは緑色なのに動く。

▲ミドリムシ

水中の緑色の小
さな生物のほと
んどは動かない
けど，ミドリム
シは緑色なのに
動くよ。

✿顕微鏡を使うときは水平なところに置き，レンズは 接眼レンズ ， 対物レンズ の順にとりつけます。顕微鏡のピントを合わせるときは，まず，横から見ながら 対物レンズ と プレパラート を**近づけます**。その後， 接眼レンズ をのぞいて，対物レンズとプレパラートを**遠ざけながら**ピントを合わせます。

☽水中の小さな生物

緑色

ミカヅキモ

ハネケイソウ　アオミドロ

ミドリムシ

動く

アメーバ

ミジンコ　ゾウリムシ

✿ピントを合わせるときは，近づけてから遠ざける。

☽ミドリムシは緑色なのに動く。

★ 今夜おぼえること

⭐アブラナは包まれ，

マツははだか。

〈被子植物〉 〈裸子植物〉

子房 胚珠

包まれて
いるよ。

▲アブラナ

胚珠

はだかだよ。

▲マツ

理科

🌙花弁がくっつくのは合弁花，

花弁が離れるのは離弁花。

〈 合弁花 〉

〈 離弁花 〉

合弁花類では
アサガオ，ツツジ，
離弁花類では
サクラ，アブラナだ。

55

⭐ 被子植物は, 胚珠 が 子房 に包まれていて,
果実ができます。裸子植物は, 子房がなく,
胚珠 がむき出しになっています。

〈被子植物〉

胚珠
子房

▲アブラナ

〈裸子植物〉
雌花(めばな)

拡大

胚珠

りん片(ぺん)(内側)

▲マツ

🌙 花弁がつながっている花を 合弁花 , 1枚ずつ
離れた花を 離弁花 といいます。

▲ツツジ 5枚の花弁が
もとの部分でつながっている。

▲アブラナ 4枚の花弁は
1枚1枚とりはずせる。

💤 寝る前にもう一度

⭐ アブラナは包まれ, マツははだか。

🌙 花弁がくっつくのは合弁花, 花弁が離れるは離弁花。

56

★ 今夜おぼえること

⭐ 🔤ゴロ合わせ 葉を2枚 子葉(しよう) 中です。

葉が2枚ね。

▲子葉(しよう)が2枚（双子葉類(そうしようるい)）

🌙 葉脈(ようみゃく)は,

単(たん)は平行, 双(そう)は網目(あみめ)。

〈単子葉類(たんしようるい)〉

平行だよ。

〈双子葉類(そうしようるい)〉

網目状だよ。

単子葉類の葉脈は平行,
双子葉類の葉脈は網目状。

理科

57

★花が咲き果実ができる植物は、**子葉の数から**（双子葉類）と（単子葉類）に分類されます。さらに双子葉類は、**花弁の形状によって**（離弁花類）と（合弁花類）に分類されます。

```
                    ┌──────────────┴──────────────┐
            ┌───────┴───────┐              ┌───────┴───────┐
        双子葉類 子葉2枚              単子葉類 子葉1枚
                                                 ツユクサ
                                                 スズラン
    ┌───────┴───────┐
離弁花類        合弁花類
 アブラナ          ツツジ
 エンドウ          アサガオ
```

）単子葉類と**双子葉類**のちがいをまとめました。

	単子葉類		双子葉類	
葉脈		平行		網目状
茎の維管束（中2）		ばらばら		輪状
根		ひげ根		主根・側根

💤寝る前にもう一度

★葉を2枚子葉中です。

）葉脈は、単は平行、双は網目。

★ 今夜おぼえること

✪⭐ シダとコケは胞子でふえる。

〈シダ植物〉 〈コケ植物〉

葉の裏
胞子
胞子のう
葉
根 茎
▲イヌワラビ

胞子
胞子のう
仮根
▲スギゴケ（雌株）

🌙 ゴロ合わせ ラッシュでまっすぐ

（裸子植物） （マツ・スギ）

早 朝 担 当 。

（双子葉類） （アサガオ） （単子葉類） （トウモロコシ）

理科

✿ シダ植物やコケ植物は，種子をつくらず 胞子
でふえます。シダ植物は 根・茎・葉 の区別があ
りますが，コケ植物には 根・茎・葉 の区別はあ
りません。コケ植物は，からだの表面全体から
水を吸収し， 仮根 はからだを地面に固定する
役目をしています。

� 植物の分類

✿ シダとコケは胞子でふえる。
◐ ラッシュでまっすぐ早朝担当。

60

★ 今夜おぼえること

✿ **背骨**をもつのが**脊椎動物**。

セキツイ動物

魚類

鳥類

両生類

は虫類

哺乳類

理科

☽ **哺乳類・鳥類**は外界の温度が変わっても**体温**が変化しない。

体温がほぼ一定だよ。

ぼくたちは体温が変化するよ。

☆ 動物は，背骨をもつ 脊椎 動物と，背骨をもたない 無脊椎 動物に分けられます。

● セキツイ動物…ホニュウ類，鳥類， は虫 類， 両生 類，魚類
● 無セキツイ動物…節足動物，軟体動物など

☽ 外界の温度変化によって体温がほとんど変化しない動物を 恒温 動物，体温が変化する動物を 変温 動物といいます。

セキツイ動物のまとめ

	魚類	両生類	ハチュウ類	鳥類	哺乳類
子の生まれ方	卵生	卵生	卵生	卵生	胎生
体表	うろこ	しめった皮膚	うろこ	羽毛	毛
呼吸器官	えら	子はえらと皮膚，親は肺と皮膚	肺	肺	肺
卵（子）の世話	しない	しない	しない	する	する
なかまの例	マグロ，イワシ，メダカ	カエル，イモリ，サンショウウオ	ワニ，カメ，ヤモリ	スズメ，ハト，ペンギン	イヌ，ネコ，コウモリ
体温	変温	変温	変温	恒温	恒温

····· 💤 寝る前にもう一度 ·····
☆ 背骨をもつのが脊椎動物。
☽ 哺乳類・鳥類は外界の温度が変わっても体温が変化しない。

★ 今夜おぼえること

✪ こげるのは有機物（ゆうきぶつ）。

電気を通すのは金属。

有機物 炭素をふくむ物質。燃やすと黒くこげて炭になり，二酸化炭素と水を発生。

砂糖，デンプン，バター，木，紙，
ろう，エタノール，プラスチック　など

無機物（むきぶつ） 有機物以外の物質。

食塩，水，ガラス，<u>炭素</u>，<u>二酸化炭素</u>，
水素，酸素　など

> 炭素をふくんでいる
> けれど無機物だよ。

金属 金属特有の性質がある。
鉄，アルミニウム，銅，金，銀，マグネシウム　など

金属以外の物質はすべて非金属

☾ 密度（みつど）は，し・み・た。

し つりょう
み × た
つどいせき

> 求めたいものを
> 指でかくそう！

理科

63

☆ 有機物 は加熱すると黒くこげて 炭 ができ、二酸化炭素 と水を発生します。また、金属には次のような特有の性質があります。

金属の性質	・金属光沢がある。 ・電気をよく通す。 ・熱をよく伝える。 ・たたくとうすく広がり、引っぱるとのびる。

注意❗「磁石につく」のは鉄の性質。

　　　　金属の性質ではないよ。

🌙 物質 1 cm³ あたりの質量を 密度 といい、次の公式で求めることができます。

$$密度 [g/cm^3] = \frac{質量 [g]}{体積 [cm^3]}$$

例　質量22g、体積 2 cm³ の物質の密度は？

➡ み の密度を指でかくすと、

$$\frac{[22] [g]}{[2] [cm^3]} ≒ 11 [g/cm^3]$$

‥‥🌛 寝る前にもう一度‥‥‥‥

☆ こげるのは有機物。電気を通すのは金属。

🌙 密度は、し・み・た。

★今夜おぼえること

✿固⇔液⇔気で、

質量は同じ、体積は変化。

液体　気体

温める→

エタノール　つり合う！

液体→気体のとき，質量は変わらないけど，体積は大きくなるよ。

理科

🌙融点ではとける、

沸点では沸騰する。

〈水の状態変化〉

温度〔℃〕

沸点 100℃

融点 0℃

液体＋気体

固体＋液体　液体だけ

固体だけ

0　加熱時間

65

😊 物質が **固体⇔液体⇔気体** とすがたを変えることを（状態変化）といいます。 状態変化では，（質量）は変化しませんが，（体積）は変化します。 ふつう，**固体→液体→気体** の順に体積は（大きく）なりますが，水の場合は例外で，**固体→液体**（氷→水）のときに，体積は（小さく）なります。

〈ろう〉　体積増加　〈水〉　体積減少

▲固体　　▲液体　　▲固体　　▲液体

🌙 固体がとけて液体になる温度を（融点），液体が沸騰して気体になる温度を（沸点）といいます。 **純粋な物質** では，融点と沸点は，物質によって決まっていて，水の場合，融点は（0）℃，沸点は（100）℃です。

💤 寝る前にもう一度

😊 固⇔液⇔気で，質量は同じ，体積は変化。

🌙 融点ではとける，沸点では沸騰する。

★ 今夜おぼえること

 蒸留は、

液体→気体→また液体。

〈水とエタノールの混合物の蒸留〉

気体

液体

沸騰石を入れる。

温

ガラス管の先を試験管の液につけない。

液体

冷 — 水

理科

☽ 下のガス→上の空気。

〈火をつけるとき〉

空気調節ねじをゆるめて、青色の炎にする。

ガス調節ねじをゆるめて点火し、炎の大きさを調節する。

▲ガスバーナー

67

❀ 沸点 の差を利用して、 蒸留 によって、液体の混合物を分けることができます。

〈水とエタノールの混合物の蒸留〉

温度〔℃〕

100
80
60
40
20
0

エタノールの沸点

水の沸点

水が出てくる

エタノールが出てくる

加熱時間

沸点の低い物質が先に気体になって出てくるよ。

🌙 ガスバーナーの火のつけ方

① 上下のねじがしまっているかどうかを確かめてから、 元栓→コックの順に開く。

② マッチなどの点火装置に火をつけ、 ガス 調節ねじをゆるめて点火する。

③ ガス 調節ねじで炎の 大きさ を調節する。

④ 空気 調節ねじで 青色 の炎にする。

💤 寝る前にもう一度

❀ 蒸留は、液体→気体→また液体。
🌙 下のガス→上の空気。

68

★ 今夜おぼえること

☆☆ マンガ家 母さん 散歩。
（二酸化マンガン）（過酸化水素水）（酸素）

二酸化マンガンにうすい過酸化水素水を加えると酸素が発生するよ。

理科

☽ 石灰石（せっかいせき）に塩酸で二酸化炭素。

二酸化炭素が水にとける量は少しなので，水上置換法（すいじょうちかんほう）でも集められるよ。

うすい塩酸

石灰石

二酸化炭素

下方置換法（かほうちかんほう）

▲二酸化炭素の発生

☾ 二酸化マンガン に うすい過酸化水素水 （オキシドール）を加えると 酸素 が発生します。酸素は，無色でにおいがなく，空気より少し密度が 大きい （重い），水に とけにくい などの性質があり，ものを燃やすはたらきがあります。

うすい過酸化水素水

酸素

二酸化マンガン

水上置換法

▲酸素の発生

水

☽ 石灰石 に うすい塩酸 を加えると 二酸化炭素 が発生します。二酸化炭素は，無色でにおいがなく，空気より密度が 大きい ，水に 少しとけ ，水溶液は 酸性 を示すなどの性質があり，石灰水に通すと石灰水が 白くにごります 。

⋯⋯ 😴 寝る前にもう一度 ⋯⋯⋯⋯
☾ マンガ家母さん散歩。
☽ 石灰石に塩酸で二酸化炭素。

70

★ 今夜おぼえること

✿アンモニアは水にとけると

アルカリ性。

- アンモニア
- スポイトで水を入れる
- フェノールフタレイン溶液を加えた水

▲アンモニアの噴水実験

理科

スポイトからフラスコに水を入れると、アンモニアが水にとけてフラスコ内の圧力が下がり、水そうの水が吸い上げられる。フェノールフタレインはアンモニア（アルカリ性）と反応して赤色になるので、赤色の噴水ができる。

☾軽さは水素がNo.1！

物質の中で最も軽いんだ！

水素

アンモニア

酸素

二酸化炭素

☆☆ 塩化アンモニウム と 水酸化カルシウム の混合物を加熱すると アンモニア が発生します。アンモニアは，無色で刺激臭があります。水に非常に よくとけ ，空気より密度が 小さい （軽い）ので， 上方置換法 で集めます。また，水溶液は アルカリ性 を示します。

☽ 亜鉛 や鉄などの金属に うすい塩酸 を加えると水素が発生します。水素は，無色でにおいがなく，物質中で最も密度が 小さい ，水に とけ にくい などの性質があります。火を近づけるとポッと音を立てて燃え，水ができます。

うすい
塩酸

水素

亜鉛

水

▲水素の発生

水上置換法

😴寝る前にもう一度

☆アンモニアは水にとけるとアルカリ性。
☽軽さは水素がNo.1！

★ 今夜おぼえること

☆ 酸素と水素は水上置換法。

水上置換法

下方置換法

上方置換法

| 酸素, 水素, 二酸化炭素 |

| 二酸化炭素 |

| アンモニア |

二酸化炭素は水にとける量は少しなので, 水上置換法でも集められます。

理科

☾ 溶質 + 溶媒 = 溶液。

砂糖 + 水 = 砂糖水

溶質　　　　溶媒　　　　溶液

| とかす物質 |

| とかす液体 |

| 溶媒が水のときは 水溶液 |

🎇 気体の集め方

- 水上置換法 …水にとけにくい気体を集めます。
- 下方置換法 … 水にとけやすく，空気よりも密度が大きい（重い）気体を集めます。
- 上方置換法 … 水にとけやすく，空気よりも密度が小さい（軽い）気体を集めます。

🌙 溶質 が 溶媒 にとけたものを 溶液 といいます。溶媒が水のときは水溶液といい，水溶液は透明で，濃さはどの部分も同じです。

水

溶質の粒

溶質の粒が均一に散らばっていく。

▲溶質がとけるようす

時間がたっても濃さは変わらないよ。

★今夜おぼえること

❊溶解度＝とける限度量。

100gの水に限度までとけた食塩の質量＝溶解度

食塩

いっぱいとかすぞ〜。

水100g

もうとかせられないよ〜。

飽和水溶液

☽再結晶は，冷やすか，蒸発させるか。

冷やして温度を下げる。

高温の水溶液

結晶

硝酸カリウム，ミョウバンなど

水を蒸発させる。

結晶

食塩など

理科

😊溶質が水100gにとける限度の質量を [溶解度]
といい, 溶質が溶解度までとけている水溶液を

[飽和水溶液] と
いいます。多く
の固体は, とか
す水の温度が高
くなるほど溶解
度が大きくなり
ます。

▲いろいろな物質の溶解度

😊物質がとけている水溶液から, 再び結晶とし
てとり出すことを [再結晶] といいます。温度による
溶解度の差が大きい物質は, 水溶液を [冷やし],
食塩のように, 温度による溶解度の差が小さい
物質は, 水溶液の水を [蒸発] させてとり出します。

😊溶解度＝とける限度量。
🌙再結晶は, 冷やすか, 蒸発させるか。

★ 今夜おぼえること

✪✨ 空気中の角度が大。

入射角（にゅうしゃかく）大

一部反射（ほんしゃ）

屈折角（くっせつかく）大

空気

水（ガラス）

一部反射

屈折角（くっせつかく）小

入射角（にゅうしゃかく）小

| 空気中→水中 | 水中→空気中 |

理科

🌙 実像（じつぞう）は逆向き，虚像（きょぞう）は大きく同じ向き。

└→ 上下左右

虚像（きょぞう）

焦点（しょうてん）

光軸（こうじく）

焦点

実像

物体　焦点

凸（とつ）レンズ

焦点

凸（とつ）レンズ

ここから見る

😊光は，　空気中から水中にななめに進むとき，
入射角 > 屈折角 となるように 屈折 し，　水中か
ら空気中にななめに進むとき，入射角 < 屈折角
となるように 屈折 します。

また，光が物体の表
面で反射するとき，
入射角 = 反射角
となります。

入射角＝反射角

入射光　　　反射光

鏡

🌙凸レンズの軸に平行
な光をあてたとき，光
が集まる点を 焦点 と
いいます。焦点より内
側（凸レンズ側）に物
体を置くと凸レンズを
通して 虚像 が見え，

焦点距離

凸レンズ
凸レンズの軸に
平行な光
焦点

凸レンズの
軸
焦点

外側に置くとスクリーンに 実像 がうつります。

💤寝る前にもう一度
😊空気中の角度が大。
🌙実像は逆向き，虚像は大きく同じ向き。

★ 今夜おぼえること

☆大きさ振幅，高さ振動数。

→ 振幅（しんぷく）→ 振動のふれ幅

→ 振動数（しんどうすう）→ 1秒間に振動する回数

〈音の大小・高低とオシロスコープの波の形〉

大きい音

振幅 振幅 大

もとの音

小さい音

振幅 振幅 小

低い音

 振動数 少

高い音

振動数 多

●力2倍→ばねののびも2倍。

2倍

ばねののび

1cm　2cm

10　10　10

力

2倍

力が2倍になる
とばねののびも
2倍になるよ。

79

😸音の大きさは 振幅 で決まり，音の高さは
振動数 で決まります。**振幅が大きい**ほど音は
大きく ，**振動数が多い**ほど音は 高く なります。
また，モノコードなどの弦をはじいて，高い音を出
すには，次のような方法があります。

①弦を短くする。

②弦を細くする。

③弦を強く張る。

🌙ばねののびは，ばねに加えた力の大きさに 比例
します。これを フックの法則 といいます。

例　右図のような特徴
をもつばねで，ばね
ののびが8cmのとき，
ばねに加えた力の大
きさは何N？

答 0.8 N

😸大きさ振幅，高さ振動数。
🌙力2倍→ばねののびも2倍。

80

★今夜おぼえること

☆☆力の3つのはたらきは、

変える、支える、変形させる。

理科

☽ 2 力は同じ大きさ、向きが

反対、一直線上でつり合う。

物体は動かない。つり合っている。

力の矢印　力の矢印

同じ大きさで反対向き

✿ 力のはたらきには, 物体の運動を 変える , 物体を 支える , 変形 させるなどがあります。力には弾性力(変形した物体がもとの形にもどろうとする力), 重力, 磁力(磁石の力), 電気の力, 摩擦力, 抗力などがあります。

引く力

摩擦力

張力

重力

重力

🌙 2 力のつり合いの条件

・2 力の大きさは 同じ 。

・2 力の向きは 反対 で, 一直線上。

💤寝る前にもう一度

✿ 力の3つのはたらきは, 変える, 支える, 変形させる。

🌙 2 力は同じ大きさ, 向きが反対, 一直線上でつり合う。

★ 今夜おぼえること

 強いねばりけはもり上がる。

	ゆるやかな形	円すい形	もり上がった形

火山の形　

マグマのねばりけ　弱い ←――――――→ 強い

噴出物の色（ふんしゅつぶつ）　黒っぽい ←―――→ 白っぽい

噴火のようす（ふんか）　おだやか ←――→ 激しい（はげ）

🌙 ゴロ合わせ　夕食は苦労を隠した
　（有色鉱物）（黒雲母）（角閃石）

　　　奇跡の缶詰 。
　　（輝石）　（カンラン石）

理科

83

❀火山の形は、マグマの ねばりけ によって変わります。また、噴出物の色や噴火のようすも変わります。

- ねばりけが弱い…傾斜が ゆるやかな形 の火山。噴出物の色は 黒 っぽく、 おだやかな 噴火をします。（キラウエアなど）

- ねばりけが中間… 円すい形 の火山。（富士山, 桜島など）

- ねばりけが強い… もり上がった形 の火山。噴出物の色は 白 っぽく、 激しい 噴火をします。（雲仙普賢岳など）

☽鉱物には、おもに次のようなものがあります。

- 無色（白色）鉱物 …白っぽい色の鉱物 ⇨ 石英, 長石。

- 有色鉱物 …黒っぽい色の鉱物 ⇨ 黒雲母, 角閃石, 輝石, カンラン石 など。

・・😴 寝る前にもう一度・・・
❀強いねばりけはもり上がる。
☽夕食は苦労を隠した奇跡の缶詰。

84

★ 今夜おぼえること

✿ 火山は斑状，深成は等粒状。

〈火山岩〉　　　　〈深成岩〉

斑晶

急に
冷えたよ。

ゆっくり
冷えたよ。

石基

斑状組織　　　等粒状組織

理科

🌙 ゴロ合わせ　新　幹　線　は

（深成岩）（花こう岩）（せん緑岩）（斑れい岩）

刈り上げ。

（火山岩）（流紋岩）（安山岩）（玄武岩）

85

🌑 マグマが冷えて固まってできた岩石を 火成岩
といいます。火成岩は，マグマの冷え方によって
次の2つに分けられます。

- 火山岩 …マグマが地表や地表付近で急に冷
  え固まってでき，石基と斑晶からなる 斑状組
  織 になっています。

- 深成岩 …マグマが地下深くでゆっくり冷え固
  まってでき，大きな結晶が組み合わさった 等粒
  状組織 になっています。

🌑 火成岩の分類

岩石の色	白っぽい ←———————→ 黒っぽい		
鉱物の割合	多 無色鉱物 ←————————→ 有色鉱物 多		
岩石の例	深成岩	花こう岩	閃緑岩	斑れい岩
	火山岩	流紋岩	安山岩	玄武岩

🌑 火山は斑状，深成は等粒状。
🌑 新幹線は刈り上げ。

★ 今夜おぼえること

☆ゆれの大きさは震度（しんど）、

規模はマグニチュード。

震度5　　　　震度3

震源（しんげん）　マグニチュード
6.0

理科

☽P波は速い、S波はゆっくり。

P波が到着すると初期（しょき）微動（びどう）が始まり、S波が到着すると主要動（しゅようどう）が始まるよ。

ゆっくり

速い

震源

87

❤️ 震度 はゆれの大きさを表し，一般的に震源からの距離が近いほど大きくなります。一方，マグニチュード(M) は地震の規模を表すので，1つの地震に対して1つの値をとります。

🌙 初期微動 はP波によって起こり，主要動 はS波によって起こります。P波はS波よりも速いので，P波が到着してからS波が到着するまでの時間から，震源までのだいたいの距離がわかります。

・・・😴寝る前にもう一度・・・
❤️ゆれの大きさは震度，規模はマグニチュード。
🌙P波は速い，S波はゆっくり。

★ 今夜おぼえること

✩ずれは断層、波はしゅう曲。

〈断層〉　　　　　　　　　　〈しゅう曲〉

← 力　　　力 →　← 力　　　　　　力 →

理科

☽プレートの境目で大地震。

ー プレートの境目
（日本海溝）

★…震源

89

☆ 地層に力がはたらいて，地層が切れてずれることによってできたくいちがいを [断層]，地層が押し曲げられ波うったものを [しゅう曲] といいます。

〈正断層〉　　　　〈逆断層〉　　　〈横ずれ断層〉

力　下盤　上盤　力　力　上盤　力
ずれの方向　　　下盤

上盤がすべり落ちる　　上盤がずり上がる

☽ 大きな地震は，地球を覆う [プレート] という岩石の層の境界で起こります。

大陸プレート
海溝　海洋プレート

①海洋プレートが沈み込む。
②大陸プレートがひきずりこまれる。

大地震

③大陸プレートが戻るとき大地震発生。

········ 😴 寝る前にもう一度 ········
☆ ずれは断層，波はしゅう曲。
☽ プレートの境目で大地震。

★ 今夜おぼえること

✪ 示相化石で環境がわかる。

〈サンゴ〉　　　　　　〈アサリ〉　　　　　〈シジミ〉

↓　　　　　　　　　　　↓　　　　　　　　　↓
あたたかく，浅い海　　　浅い海　　　　　湖や河口付近

理科

🌙 まんじゅうのあんは 中 。
　　　　　　　　（アンモナイト）（中生代）

〈サンヨウチュウ〉　〈アンモナイト〉　〈ビカリア〉

（ 古生代 ）　　　（ 中生代 ）　　　（ 新生代 ）

示準化石
だよ。

91

😊 生きられる環境が限られていて，現在もその種が生きている生物の化石は，地層が堆積した当時の 環境 を知る手がかりとなります。このような化石を 示相化石 といいます。

🌙 広い 範囲にすみ， 短い 期間に栄えて絶滅した生物の化石は，地層が堆積した 時代 を知る手がかりとなります。このような化石を 示準化石 といいます。また，地層ができた時代を 地質年代 （地質時代）といい，古生代，中生代，新生代（古第三紀，新第三紀，第四紀）があります。

古生代	・サンヨウチュウ ・フズリナ
中生代	・アンモナイト ・ティラノサウルス(恐竜) ・モノチス(二枚貝)
新生代	・ビカリア ・ナウマンゾウ ・メタセコイア(植物)

▲地質年代とおもな示準化石

💤 寝る前にもう一度

😊 示相化石で環境がわかる。

🌙 まんじゅうのあんは中。

92

★ 今夜おぼえること

✪ 粒（つぶ）が大きいほうから、

れき ＞ 砂 ＞ 泥（どろ）。

● 堆積岩（たいせきがん）の種類と粒の大きさ

〈れき岩〉

〈砂岩〉

〈泥岩（でいがん）〉

直径２mm以上　　　直径 $\frac{1}{16}$ 〜 ２mm　　　直径 $\frac{1}{16}$ mm以下

理科

☾ 塩酸で泡（あわ）が出るのは石灰岩（せっかいがん）。

〈石灰岩〉うすい塩酸をかける
　　　　　と泡が出る。

石灰質（せっかいしつ）の殻（から）を
もつ生物などが
固まってできた
岩石だよ。

〈チャート〉うすい塩酸をかけて
　　　　　も泡が出ない。

ケイ酸質の殻
をもつ生物が
固まってできた
岩石だよ。

☆ 堆積岩の種類

① 川の水に流された土砂が固まってできた
[れき岩], [砂岩], [泥岩]

② 火山灰が固まってできた [凝灰岩]

③ 海底で生物の死がいなどが固まってできた
[石灰岩], [チャート]

● 堆積岩の特徴

① れき岩, 砂岩,
泥岩は, [粒の
大きさ]で区別
されます。

堆積岩	粒の大きさ（直径）
れき岩	2 mm 以上
砂岩	$\frac{1}{16}$(0.06)mm 〜 2 mm
泥岩	$\frac{1}{16}$(0.06)mm 以下

② [凝灰岩] は, 岩
石をつくる粒が
[角ばって]います。

③ [チャート] は, **とてもかたく**, [石灰岩] は, **う
すい塩酸** をかけると [二酸化炭素] が発生し
ます。

···💤 寝る前にもう一度·····
☆ 粒が大きいほうから, れき ＞ 砂 ＞ 泥。
● 塩酸で泡が出るのは石灰岩。

★ 今夜おぼえること

✿六大陸，最大はユーラシア大陸。三大洋は，太平洋・大西洋・インド洋。

ちなみに，最小の大陸はオーストラリア大陸だよ。

社会

☽ユーラシア大陸は，ヨーロッパ州とアジア州。

世界の地域区分では，ユーラシア大陸はヨーロッパ州とアジア州に区分されるよ。

ユーラシア大陸
ヨーロッパ州　アジア州

95

❀ 六大陸はユーラシア大陸・アフリカ大陸・北アメリカ大陸・南アメリカ大陸・オーストラリア大陸・南極(なんきょく)大陸。三大洋は太平洋(たいへいよう)・大西洋(たいせいよう)・インド洋です。

▲六大陸と三大洋

☽世界は六つの州に区分され、アジア州・ヨーロッパ州・アフリカ州・北アメリカ州・南アメリカ州・オセアニア州があります。アジア州は最も面積が大きく、人口も最も多い州です。

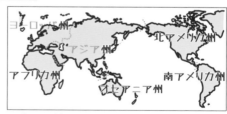

▲六つの州

・・・💤寝る前にもう一度・・・・・・・・・・・・・・・・・・
❀ 六大陸、最大はユーラシア大陸。三大洋は、太平洋・大西洋・インド洋。
☽ ユーラシア大陸は、ヨーロッパ州とアジア州。

★ 今夜おぼえること

🌟人口が多いのは中国とインド，面積最大はロシア連邦。

中国の人口は日本の
10倍以上，ロシア連邦
の面積は日本の **約45倍**
だよ。

約**45倍**　日本

社会

🌙緯度は南北90度ずつ，経度は東西180度ずつ。

緯度は赤道を
0度，経度は本
初子午線を0度
とするよ。

本初子午線

赤道

😺人口がとくに多い国は<u>中国</u>とインドで，アメリカがそれに続きます。面積が世界で最も大きい国は<u>ロシア連邦</u>で，

カナダ，アメリカ，
中国，ブラジルが
それに続きます。

1位	ロシア連邦	1710万 km²
2位	カナダ	999万 km²
3位	アメリカ	983万 km²
4位	中国	960万 km²
5位	ブラジル	852万 km²

(2018年)　　　(2020/21年版「世界国勢図会」)
▲面積が大きい国

🌙地球上の位置は<u>緯度</u>と<u>経度</u>によって表すことができます。同じ緯度の地点を結んだ線を**緯線**，同じ経度の地点を結んだ線を**経線**といいます。

本初子午線
(0度の経線)
北極点
北回帰線
ロンドン
(イギリス)
緯線
東京
経線
緯度
経度
赤道
(0度の緯線) 南極点
南回帰線

▲緯度と経度

・・・😴寝る前にもう一度・・・
😺人口が多いのは中国とインド，面積最大はロシア連邦。
🌙緯度は南北90度ずつ，経度は東西180度ずつ。

★今夜おぼえること

✪✪ 国の領域は領土・領海・領空。
排他的経済水域（はい た てきけいざい）は200海里。

領域とは，一国の主権がおよぶ範囲のことだよ。

☾ 日本の北端（ほくたん）は択捉島（え とろふとう），南端は沖ノ鳥島（おきの とりしま），東端は南鳥島（みなみとりしま），西端は与那国島（よ な ぐにじま）。

沖ノ鳥島は水没（すいぼつ）を防ぐため，護岸工事が行われたんだよ。水没すると，日本の排他的経済水域が大幅（おおはば）に減少するんだ。

沖ノ鳥島

社会

99

❊ 国の領域は 領土 ， 領海 ， 領空 からなります。また，各国は 200海里 の 排他的経済水域 を設定していて，水域内の水産資源や鉱産資源は沿岸国のものとなります。

▲領土・領海・領空の範囲

❊ 日本の北端は北海道の 択捉島 ，南端は東京都の 沖ノ鳥島 ，東端は東京都の 南鳥島 ，西端は沖縄県の 与那国島 です。

▲日本の東西南北の端の島

❊ 国の領域は領土・領海・領空。排他的経済水域は200海里。

❊ 日本の北端は択捉島，南端は沖ノ鳥島，東端は南鳥島，西端は与那国島。

★ 今夜おぼえること

✵ 経度15度で1時間の時差。

日本（東経135度）とイギリスのロンドン（経度0度）との時差は，135（度）÷15（度）＝9（時間）で求められるよ。日本が正午のとき，ロンドンは午前3時なんだ。

時差が9時間

午前3時 → 正午

こっちは夜中だよ！。

旅行楽しんでるかい？

ロンドン（経度0度）

東京（東経135度が標準時）

☾ 7地方区分は北海道，東北，関東，中部，近畿，中国・四国，九州地方。

北海道地方

中部地方

東北地方

中国・四国地方

関東地方

近畿地方

九州地方

九州地方

社会

101

✿ 経度15度 で 1時間 の時差が生まれます。
日本（東経135度）とアメリカのニューヨーク（西経
75度）の時差は、まず経度差を135＋75＝210（度）
で求め、次に210÷15＝
14（時間）を計算して、
時差は14時間となりま
す。

🌙日本を7地方に
分けると 北海道 地
方，東北 地方，関
東 地方，中部 地
方，近畿 地方，中
国・四国 地方，九
州 地方となります。

▲日本の7地方区分

╴╴💤寝る前にもう一度╴╴╴╴╴╴╴
✿経度15度で1時間の時差。
🌙7地方区分は北海道，東北，関東，中部，近畿，中国・
　四国，九州地方。

102

★今夜おぼえること

✦世界の気候は熱帯，乾燥帯，温帯，冷帯（亜寒帯），寒帯。

☾熱帯に熱帯雨林，冷帯（亜寒帯）に針葉樹林（タイガ）。

熱帯雨林は熱帯地域の背の高い広葉樹林だよ。針葉樹林は冷帯地域のマツやモミなどの森林だよ。

社会

103

🌑世界の気候は1年中高温の 熱帯 ，降水量が少ない 乾燥帯 ，温和な 温帯 ，冬の寒さが厳しく，夏と冬の気温差が大きい 冷帯 （亜寒帯），1年中寒い 寒帯 に大きく分かれます。

▲世界の気候区分

🌙赤道周辺の**熱帯地域**には 熱帯雨林（熱帯林） が広がっていて，人々は湿気を防ぐため，**高床の住居**に住んでいます。アジアの北のシベリアなどの**冷帯（亜寒帯）地域**には，寒さに強いマツなどの 針葉樹林（タイガ） が広がっています。

高床の住居

★ 今夜おぼえること

✿✿ **乾燥帯**の住居は**日干しれんが**，モンゴルの**遊牧民**の住居はゲル。

日干しれんがは泥で形をつくって，それを強い日差しで乾かしてつくったれんがだよ。

社会

🌙 世界の三大宗教は，**仏教**，**キリスト教**，**イスラム教**。

ほかにも，ヒンドゥー教やユダヤ教などの民族宗教があるよ。

仏教　　キリスト教　イスラム教　ヒンドゥー教

✿ 森林資源が少ない**乾燥帯**の地域では、しれんがでつくった住居が多くみられます。モンゴルの**遊牧民**は移動式のゲルと呼ばれるテントに住んでいます。

日干しれんがの住居　モンゴルの遊牧民の住居

🌙 世界にはインドで起こった 仏教 、西アジアのパレスチナ地方で起こった キリスト教 、アラビア半島でおこった イスラム教 の三大宗教のほか、**ヒンドゥー教**、**ユダヤ教**、**神道**などもあります。

仏教　　キリスト教　　イスラム教　　ヒンドゥー教
★ ユダヤ教　　道教，儒教，神道，仏教など　　その他の宗教

▲宗教の分布

💤寝る前にもう一度

✿ 乾燥帯の住居は日干しれんが，モンゴルではゲル。
🌙 世界の三大宗教は，仏教，キリスト教，イスラム教。

★今夜おぼえること

⭐⭐ 中国の大河は，北から
（黄河）（長江）
こう ちょう先生。
（校）　（長）

中国には，長
さ世界3位の長
江（チャン）と，黄河（ホワンホー）の2
つの大きな川が
流れているよ。

校・
長

社会

🌙東・東南・南アジアで稲作，

東南アジアのプランテーションで

天然ゴム。

右のグラフからタイや
インドネシアなど，東南
アジアの国々で生産量が
多いことがわかるね。

計1364万t

		ベトナム9.0	中国 5.7	
タイ 35.9%	インドネシア 22.7			その他

コートジボワール5.7
(2019年)　(2020/21年版「世界国勢図会」)
▲天然ゴムの生産量の割合

107

🌙 アジアには黄河（ホワンホー）や長江（チャンチャン），メコン川やガンジス川などの大河が流れます。また，中央部に8000m超の山々が連なるヒマラヤ山脈やチベット高原があり，「世界の屋根」と呼ばれています。

🌙 季節風（モンスーン）の影響を受ける東・東南・南アジアの地域では，稲作がさかんです。また，東南アジアのプランテーションでは大規模な農業が行われ，天然ゴムやあぶらやし，バナナやコーヒーなどの生産がさかんです。

→ 夏の季節風
→ 冬の季節風

ヒマラヤ山脈

長江

インダス川

ガンジス川

稲作のさかんな地域

▲アジアの地形・季節風・稲作のさかんな地域

💤 寝る前にもう一度

🌙 中国の大河は，北からこう（黄河）ちょう（長江）先生。

🌙 東・東南・南アジアで稲作，東南アジアのプランテーションで天然ゴム。

★ 今夜おぼえること

✪中国の人口は14億人を超え、約9割は漢族。経済特区を設けて「世界の工場」に。

経済が急速に発展して，シャンハイやペキンなどが巨大都市になったよ。

☽ヨーロッパ西部は偏西風と北大西洋海流の影響で温暖。

暖流の北大西洋海流の上を，偏西風が吹いてくるから，温暖なんだよ。

北大西洋海流

偏西風

社会

109

😺 中国の人口は 14億人 を超え，その約9割は 漢族（漢民族）です。沿岸部に 経済特区 を設けて急速な発展をとげ，「世界の工場」と呼ばれています。しかし，沿岸部と内陸部との 経済格差 の問題があります。

(2010年)
(「データブックオブ・ザ・ワールド」)

▲中国の民族構成と経済特区

🌙 ヨーロッパの大部分は北海道よりも 高緯度 に位置しますが，西部は 暖流 の 北大西洋海流 と，その上を吹いてくる 偏西風 の影響で比較的温暖です。

(2020年版「理科年表」)

▲ロンドン（イギリス）と札幌（北海道）の雨温図

★ 今夜おぼえること

✿ ヨーロッパ北部で混合農業や酪農，南部で地中海式農業。

各国が協力して航空機を生産。

地中海沿岸で夏にぶどう，冬に小麦などを栽培しているよ。

ぶどうの栽培

ぶどうからワインがつくられる

社会

🌙 EU（ヨーロッパ連合）諸国はユーロ導入，関税撤廃。

EUは欧州連合とも呼ばれるよ。共通通貨のユーロは，EUの多くの国で使うことができるんだ。

☆ヨーロッパ北部で食用・飼料作物の栽培と家畜の飼育を組み合わせた 混合農業 や 酪農，南部で 地中海式農業 がさかんです。

また，各国の分業による 航空機 の生産が行われています。

▲航空機生産の分業

☾ EU（ヨーロッパ連合）は共通通貨の ユーロ を導入し，関税 を撤廃して，政治的・経済的なつながりを強めようとしています。

（2020年12月現在）
イギリスは2020年に離脱。

　EU加盟国

　EU加盟国・ユーロ導入国

ブリュッセル
（EUは本部所在地）

アイルランド　イギリス　オランダ　デンマーク　フィンランド　スウェーデン　エストニア　ラトビア　リトアニア

ベルギー　ルクセンブルク　ドイツ　ポーランド　チェコ　スロバキア　ルーマニア　オーストリア　ハンガリー　スロベニア

ポルトガル　スペイン　フランス　イタリア　クロアチア　ギリシャ　ブルガリア

※ギリシャ系住民が主体の南部のキプロス共和国のみ　マルタ　※キプロス

▲ EU加盟国とユーロ導入国

💤 寝る前にもう一度

● ヨーロッパ北部で混合農業や酪農，南部で地中海式農業。
各国が協力して航空機を生産。

● EU（ヨーロッパ連合）諸国はユーロ導入，関税撤廃。

★ 今夜おぼえること

✹ **アフリカのナイ**

　ル川は世界最

　長，**サハラ砂**

　漠は世界最大。

☽ **ギニア湾岸**のプランテーション

　でカカオの**栽培**，アフリカ各地

　で**レアメタル**を産出。

社会

カカオはチョコレート
の原料となるんだよ。

コートジボワール
やガーナはギニ
ア湾岸の国だよ。

	ガーナ		インドネシア	
計525万t	37.4%	18.0	11.3	その他

コートジボワール　　　　ナイジェリア6.3
（2018年）（2020/21年版「世界国勢図会」）

▲カカオの生産量の割合

113

🌑アフリカ東部を世界最長の ナイル川 が流れ、北部には世界最大の サハラ砂漠 が広がります。

多くの地域はかつてヨーロッパ諸国の植民地でした。

イギリス領
フランス領
ドイツ領
イタリア領
スペイン領
ポルトガル領
ベルギー領

リベリア
エチオピア
南アフリカ連邦

▲植民地下のアフリカ（1914年）

🌙ギニア湾岸 の プランテーション では カカオ の栽培がさかんです。またアフリカは、金やダイヤモンド、銅や石油、 レアメタル（希少金属） などの鉱産資源が豊富です。

●金
●銅
●ダイヤモンド
●レアメタル

▲アフリカ南部の鉱産資源

💤寝る前にもう一度
🌑アフリカのナイル川は世界最長、サハラ砂漠は世界最大。
🌙ギニア湾岸のプランテーションでカカオの栽培、アフリカ各地でレアメタルを産出。

114

★今夜おぼえること

✪アメリカの地形はロッキー山脈，ミシシッピ川。民族はヒスパニックが増加。

ヒスパニックとは，スペイン語を話すメキシコや中央アメリカなどからの移民だよ。

ネイティブアメリカン0.8
（2016年）
アフリカ系
ヨーロッパ系 72.6％
12.7
その他
アジア系5.4

※総人口のうち，17.8％がヒスパニック

▲アメリカ合衆国の人口構成

☾農業は適地適作，工業はサンベルト，シリコンバレー。

適地適作とは，地域ごとの自然条件に合った農作物を栽培（さいばい）することだよ。アメリカは農業も工業もとてもさかんなんだ。

社会

115

😺 アメリカの西部には ロッキー山脈 が連なり，中部を ミシシッピ川 が流れます。アメリカは 多民族国家 で，近年 ヒスパニック の人口が増えています。

▲アメリカの主な地形と農業地域

🌙 アメリカでは，適地適作 で 企業的な農業 が行われています。工業の中心は北緯37度より南の サンベルト で，サンフランシスコ近郊の シリコンバレー では ICT（情報通信技術）産業 が発達しています。

▲アメリカの主な工業地域

💤 寝る前にもう一度

😺 アメリカの地形はロッキー山脈，ミシシッピ川。民族はヒスパニックが増加。

🌙 農業は適地適作，工業はサンベルト，シリコンバレー。

★ 今夜おぼえること

☆ **南アメリカの地形はアンデス山脈、アマゾン川。ラプラタ川流域にパンパ。**

パンパでは小麦の栽培や肉牛の放牧が行われているよ。

アマゾン川

パンパ

社会

🌙 **ブラジルの輸出品はコーヒー豆→機械類。鉄鉱石も豊富。**

コーヒー豆　　→　　機械類

117

😊 南アメリカには アンデス 山脈 が連なり, アマゾン川 は流域面積が世界一です。 ラプラタ川 流域の草原・パンパ では小麦やとうもろこしの栽培, 肉牛の放牧がさかんです。

▲南アメリカの主な地形

🌙 ブラジルの輸出品の中心は コーヒー豆 でしたが, 工業化が進んで 機械類 の輸出が増えました。

カラジャス鉄山などで産出される 鉄鉱石 が豊富で, 日本へも多く輸出されています。

1970年 27億ドル					
	コーヒー豆 35.9%	鉄鉱石 7.7	綿花 5.8	さとう 4.9	その他

2018年 2399億ドル					
	大豆 13.8%	8.4	原油10.5	機械類7.7	その他

鉄鉱石

（2020/21年版「世界国勢図会」など）

▲ブラジルの輸出品の変化

....💤寝る前にもう一度.....
- 😊 南アメリカの地形はアンデス山脈, アマゾン川。ラプラタ川流域にパンパ。
- 🌙 ブラジルの輸出品はコーヒー豆→機械類。鉄鉱石も豊富。

★今夜おぼえること

✪オセアニアにはさんご礁(しょう)の島。

先住民はアボリジニ, マオリ。

オーストラリアの先住民がアボリジニ, ニュージーランドの先住民がマオリだよ。

🌙ゴロ合わせ オーストラリアの鉱産資源

<u>鉄製</u>(西部)の<u>短</u>(石炭)<u>刀</u>(東部)。

オーストラリアの西部で鉄鉱石(てっこうせき), 東部で石炭の産出が多いよ。

鉄製(西)の短刀(炭)(東)

鉄鉱石が西部、石炭が東部…。

社会

119

☪️オセアニアには さんご礁 でできた島や，火山の活動によってできた 火山島 などがあります。オーストラリアには アボリジニ ，ニュージーランドには マオリ という先住民が住んでいます。

🌙オーストラリアは鉱産資源が豊富で， 西部 で 鉄鉱石 ，東部で 石炭 の産出がさかんです。地表を直接削る 露天掘り による採掘が行われ，

鉄鉱石 や 石炭 は日本へも多く輸出されています。オーストラリアやニュージーランドでは 羊 の放牧もさかんです。

▲オーストラリアの鉱産資源

⋯💤寝る前にもう一度⋯⋯

☪️オセアニアにはさんご礁の島。先住民はアボリジニ，マオリ。

🌙鉄製（西部）の短（石炭）刀（東部）。

★ 今夜おぼえること

✪エジプト文明はナイル川流域におこった。

主な古代文明
は大河の流域に
おこったよ。

メソポタミア文明
中国文明
エジプト文明
インダス文明
黄河（こうが）
チグリス川
ユーフラテス川
インダス川
ナイル川
長江
■ 文明の中心地域

社会

☾中国の漢（かん）の時代にシルクロード（絹（きぬ）の道）が開けた。

シルクロードは
中国から絹（シル
ク）などを西方に
運んだ交通路だよ。

ローマ→

←中国

121

🌟 紀元前3000年ごろ ナイル川 流域に エジプト 文明がおこり、**ピラミッド**や**太陽暦**がつくられ、**象形文字**が使われました。

ピラミッド

象形文字

🌙 中国では、**秦**にかわって**漢**が大帝国を築き、東西の交通が発達して シルクロード （絹の道）が開けました。西方からは馬やぶどう、仏教などが伝えられ、中国からは絹などがローマ帝国に運ばれました。

中国の王朝は、殷→周→秦→漢の順序を覚えておこう。

💤寝る前にもう一度
🌟 エジプト文明はナイル川流域におこった。
🌙 中国の漢の時代にシルクロード（絹の道）が開けた。

★ 今夜おぼえること

☆☆ 弥生時代には稲作が広まり，金属器が使われた。

弥生時代のむら（想像図）
高床倉庫
たて穴住居

社会

☾ 大仙（大山）古墳は巨大な前方後円墳。

大仙（大山，仁徳陵）古墳は大阪府にある世界最大級の墓だよ。

前方後円墳
前が方形
後ろが円形

123

✿ 弥生時代には 稲作 が広まり, 社会が大きく変化しました。また, 弥生土器 や青銅器・鉄器などの 金属器 が使われました。

弥生土器

銅鐸

銅剣

🌙 古墳は王や豪族の墓で, とくに 大仙（大山, 仁徳陵） 古墳のような 前方後円墳 は規模の大きな古墳です。古墳の上や周りには 埴輪 が置かれました。

埴輪

★ 今夜おぼえること

⭐ 聖徳太子は十七条の憲法で

役人の心構えを示した。

聖徳太子（厩戸皇子，厩戸王）は天皇中心のまとまりのある国をつくろうとしたんだ。

社会

🌙 中大兄皇子は中臣鎌足らと

大化の改新を行った。

125

★ 今夜のおさらい

✪593年，聖徳太子（厩戸皇子，厩戸王）は推古天皇の摂政になり，冠位十二階の制度や役人の心構えを示した十七条の憲法を定めて，新しい国づくりを進めました。

十七条の憲法(一部)
一、争いをやめよ。
一、仏教をあつく敬え。
一、天皇の命令には必ず従え。

☽645年，中大兄皇子は中臣鎌足らとともに，権力を振るう蘇我氏をたおし，大化の改新と呼ばれる政治改革を始めました。中大兄皇子は，のちに天智天皇となりました。

改新政治の進展

593年〜
聖徳太子の政治
蘇我氏の強大化

645年〜
大化の改新
改革の進展

701年
大宝律令
国のしくみが確立

·····💤寝る前にもう一度·····
✪聖徳太子は十七条の憲法で役人の心構えを示した。
☽中大兄皇子は中臣鎌足らと大化の改新を行った。

★ 今夜おぼえること

✪ 班田収授法（はんでんしゅうじゅのほう）によって，人々に口分田（くぶんでん）が与（あた）えられた。

班田収授法は律令（りつりょう）国家で行われたしくみだよ。

国

税を納める

分け与える

口分田

☽ 奈良（なら）時代，聖武天皇（しょうむてんのう）は東大寺（とうだいじ）の大仏（だいぶつ）をつくらせた。

聖武天皇は仏教（ぶっきょう）の力で国を守ろうとしたんだ。

国が平和になりますように。

社会

127

☆奈良時代，国が戸籍に登録された6歳以上の人々に 口分田 を与え，死ねば返させる 班田収授法 が行われ，人々は租などの税を負担しました。

税の種類

租	調	庸

| 収穫した稲 | 地方の特産物 | 労役のかわりに布 |

☽ 聖武天皇 は，国ごとに国分寺と国分尼寺を建て，都に 東大寺 を建てて金銅の大仏をつくらせました。このころ栄えた仏教や唐（中国）の文化の影響を受けた国際色豊かな文化を 天平文化 といいます。

★ 今夜おぼえること

☆☆ 藤原氏の摂関政治は道長・頼通のころ全盛になった。

この世は私の思い通りじゃ。

藤原道長

この世をば
わが世とぞ思う
望月の
欠けたることも
なしと思えば

🌙 紫式部は『源氏物語』，清少納言は『枕草子』を著した。

このころ栄えた国風文化の代表的な作品だよ。

← 紫式部
『源氏物語』

清少納言
『枕草子』→

社会

129

😺平安時代, 藤原氏は代々, 天皇を補佐する摂政・関白の地位について政治の実権を握りました。この政治を摂関政治といいます。

摂関政治

天皇が幼いとき

成長すると

摂政

関白

🌙平安時代には, 仮名（かな）文字が普及し, 紫式部の『源氏物語』, 清少納言の随筆『枕草子』など宮廷に仕える女性による優れた文学作品が生まれました。

仮名文字の発達

安 → 安 → あ

😺藤原氏の摂関政治は道長・頼通のころ全盛になった。

🌙紫式部は『源氏物語』, 清少納言は『枕草子』を著した。

★今夜おぼえること

✪ 源頼朝は御家人と御恩・奉公の主従関係を結んだ。

御恩と奉公

将軍

御恩 → 領地を保護し，与える

奉公 ← 将軍のために戦う

御家人

社会

☾鎌倉幕府は，承久の乱で後鳥羽上皇の軍を破った。

北条氏を討て！
後鳥羽上皇

北条氏

幕府のために戦うのです！

北条政子

131

✿ 将軍に忠誠をちかった武士を御家人といいます。源頼朝は,御家人の領地を保護し(御恩),御家人は頼朝のために戦いました(奉公)。頼朝の開いた鎌倉幕府のしくみは,この主従関係をもとに成り立っていました。

☾ 1221年,後鳥羽上皇は鎌倉幕府をたおそうとして兵を挙げましたが,北条氏の率いる幕府軍に敗れました。これを承久の乱といいます。

このののち,京都には六波羅探題が設置され,朝廷の監視や西国の武士の支配にあたりました。

北条氏
これで幕府は安泰じゃ。

隠岐に流された
後鳥羽上皇

💤 寝る前にもう一度

✿ 源頼朝は御家人と御恩・奉公の主従関係を結んだ。

☾ 鎌倉幕府は,承久の乱で後鳥羽上皇の軍を破った。

★ 今夜おぼえること

😊 **鎌倉時代、親鸞は浄土真宗**（一向宗）、**日蓮は日蓮宗を開いた。**（法華宗）

> 救いを信じる
> 心があれば
> 救われます。

親鸞

> 題目を唱えれば
> 人も国も
> 救われるのだ。

日蓮

社会

🌙 ゴロ合わせ　文永の役（元寇）おこる

元の船とうになし（1274年）。
　　　　　1　2　7　　　4

元軍は御家人の活躍や暴風雨などのために退却したよ。

> よかった。
> 引き上げたぞ。

133

✿ 鎌倉時代，親鸞や日蓮などは庶民にわかりやすい新しい仏教を広めました。また，栄西や道元は宋（中国）から禅宗を伝えました。

教え	わかりやすい		座禅を重んじる禅宗	
	法然…浄土宗		栄西…臨済宗	
	親鸞…浄土真宗（一向宗）		道元…曹洞宗	
	日蓮…日蓮宗（法華宗）			

🌙 フビライ゠ハンが支配する元は日本に属国になるよう要求しましたが，執権の北条時宗はこれを拒否しました。そのため元は，1274年（文永の役）と1281年（弘安の役）の二度にわたって攻めてきました。これを元寇（蒙古襲来）といいます。

元寇後，鎌倉幕府が衰えたことも押さえておこう。

💤 寝る前にもう一度

✿ 鎌倉時代，親鸞は浄土真宗（一向宗），日蓮は日蓮宗（法華宗）を開いた。

🌙 文永の役（元寇）がおこった年は，「元の船とうになし（1274年）」。

★今夜おぼえること

☆☆ 後醍醐天皇は鎌倉幕府をたおし，建武の新政を行った。

後醍醐天皇は公家（貴族）と武士を従えて天皇中心の政治を行ったんだ。

北条氏

私が政治を行う。

公家　　武士　　足利尊氏

社会

☽ 足利義満は明と勘合貿易を行った。

（中国）　（日明貿易）

勘合は正式な貿易船に与えられた証明書だよ。

勘合

←明

本字壹號

135

☆1333年，足利尊氏らが後醍醐天皇に味方
して鎌倉幕府をたおし，建武の新政が始まりま
した。しかし公家重
視の政策で武士の
不満が強まり，新
政は2年半で崩れ
ました。

鎌倉幕府の滅亡前後の流れ

元寇 ⇒ 鎌倉幕府滅亡 ⇒ 建武の新政 ⇒ 足利尊氏が挙兵 ⇒ 南北朝に分かれる

🌙室町幕府の3代将軍足利義満は，大陸
沿岸を荒らすなど海賊的な行為をしていた倭寇
を取り締まり，明（中国）と勘合（日明）貿易
を行いました。また，南北朝を統一し，幕府の
力を強めました。

💤寝る前にもう一度
☆後醍醐天皇は鎌倉幕府をたおし，建武の新政を行った。
🌙足利義満は明（中国）と勘合貿易（日明貿易）を行った。

★ 今夜おぼえること

応仁の乱おこる <u>人の世むな（1467</u>

<u>年</u>）しい応仁の乱。

応仁の乱は11年にわたって続き，京都は焼け野原になったよ。

☾ **足利義政は京都の東山に銀**

閣を建てた。

足利義満が京都の北山に建てたのは金閣だよ。

銀閣

1層は書院造

社会

137

★ 今夜のおさらい

★ 1467 年，将軍のあとつぎ問題をめぐる有力な守護大名の対立などから 応仁の乱 がおこりました。こののち各地で戦乱が続く 戦国時代 になり，戦国大名が登場しました。

我々が新しい支配者だ。

戦国大名

守護大名

☽ 足利義政 が 銀閣 を建てたころ，質素で落ち着いた 東山文化 が発達し，禅宗寺院の様式を武家の住居に取り入れた 書院造 や 水墨画 が発達しました。

雪舟

水墨画

・・ 💤寝る前にもう一度 ・・・・・・・・・・・・・

★ 応仁の乱がおこった年は，「人の世むな（1467年）しい応仁の乱」。

☽ 足利義政は京都の東山に銀閣を建てた。

✦ 故事成語は、中国の歴史書や『論語』などの一節からできた言葉である。

例 矛盾・杞憂・呉越同舟・大器晩成・五十歩百歩・漁父（夫）の利・背水の陣・虎の威を借る狐・過ぎたるはなお及ばざるがごとし

二字熟語や四字熟語のものや、日本語の文の形になったものがあるね。

☽ 故事成語の元になった話（故事）を知っておくと、意味を覚えやすくなる。

例 蛇足…「あとから付け加えた、余計なもの」という意味。

故事 蛇の絵を早く描き上げる競争で、早くできた人がその絵に足を描き加えたので、負けになってしまった。

いろいろな故事成語の故事を調べてみると、おもしろいよ。

😴 寝る前にもう一度

✦ 故事成語は、中国の古典に由来する、いわれのある話からできた人生の教えや戒めを表す言葉。

☽「推敲」「蛇足」「四面楚歌」「破竹の勢い」は、どれも故事成語。

★ 今夜おぼえること

国語

✦✦ 故事成語は、中国の古典に由来する、いわれのある話からできた人生の教えや戒めを表す言葉。

四面楚歌

だれが本命なのよ！

🌙 「推敲」「蛇足」「四面楚歌」「破竹の勢い」は、どれも故事成語。

破竹の勢い

140

① 語頭以外のは・ひ・ふ・へ・ほ
→「わ・い・う・え・お」
例 にほひ→におい

② ゐ・ゑ・を→「い・え・お」
例 ゆゑ→ゆえ

③ ぢ・づ→「じ・ず」
例 めづらし→めずらし

④ くわ・ぐわ→「か・が」
例 くわじ→かじ（火事）

⑤ 語中の au・iu・eu・au
→ ô・yû・yô・ô
例 ひさしう→ひさしゅう

🌙 古語には、現代では使われていない語、現代とは違う意味で使われる語、現代語と共通の意味をもつ語などがある。

例 いとうつくしうてゐたり。

訳 （かぐや姫が竹の筒の中に）とてもかわいらしい様子で座っている。

「いと」や「たり」は現代では使われていない語、「うつくし」「ゐる」は現代とは違う意味で使われている語だよ。

🌙 寝る前にもう一度

⭐⭐ 古文で使われる仮名遣いを、歴史的仮名遣いという。

🌙 古語には独自の意味をもつ言葉がある。「いと」は「とても」、「かなし」は「愛らしい」。

★ 今夜おぼえること

🌟 古文で使われる

仮名遣いを、歴史的

仮名遣いという。

① 例 言ふ→言う

② 例 ゐる→いる

③ 例 もみぢ→もみじ

④ 例 にぐわつ→にがつ

（二月）

⑤ 例 まうす→もうす

（申す）

🌙 古語には独自の意味

をもつ言葉がある。

「いと」は「とても」、

「かなし」は「愛らしい」。

とても
かわいい

国語

連体詞 は、体言 を含む文節を修飾する 連体修飾語 になる。

体言は名詞、用言は動詞・形容詞・形容動詞のことだったね。

- 〜の型…例 この・その
- 〜た・だ型…例 たいした・とんだ
- 〜る型…例 ある・いわゆる
- 〜な型…例 いろんな
- その他…例 我が

副詞 は、程度や様子 を表し、主に 用言 を修飾する、連用修飾語 になる。

- 状態の副詞…例 ひらひら
- 程度の副詞…例 たいそう
- 呼応の副詞 例 まるで（〜ようだ。）たぶん（〜だろう。）

呼応の副詞は、「〜ようだ」「〜だろう」のように被修飾語が決まった言い方になるよ。

寝る前にもう一度

- 体言だけを修飾する連体詞。
- 副詞の種類は、状態の副詞、程度の副詞、呼応の副詞の三つ。主に用言を修飾する副詞。

国語

✿ 体言だけを修飾する連体詞。

主に用言を修飾する副詞。

いろんな ケーキ
　連体詞

とても
　副詞
おいしそう！

☽ 副詞の種類は、状態の副詞、程度の副詞、呼応の副詞の三つ。

ひらひら 舞う。
たいそう 美しい。
まるで チョウのようだ。

144

☆☆ 名詞の種類は次のとおり。

● 普通名詞…例 旅行・寺

● 固有名詞…例 京都府(地名)・千利休(人名)・『金閣寺』(作品名)

● 数詞…例 七人・千年

● 形式名詞…例 話すこと・行くとき

● 代名詞…例 これ・私

代名詞の「これ」は指示語だよ。副詞の「こう」や連体詞の「こんな」も指示語だけど、「これが見本だ」のように「が・は」を伴って主語になるものが、名詞だよ。

☆☆ 人や物事の名前を表す単語は、名詞。普通名詞・固有名詞・数詞・形式名詞・代名詞の五つ。

● 単独で接続語になる接続詞。単独で独立語になる感動詞。

😴 寝る前にもう一度

● 接続詞 の種類は次のとおり。

① 順接…例 だから

② 逆接…例 しかし

③ 添加…例 しかも

④ 並立・選択…例 または

⑤ 説明・補足…例 つまり

⑥ 転換…例 ところで

● 感動詞 の種類は次のとおり。

① 感動…例 あら・まあ

② 呼びかけ…例 ねえ・おい

③ 応答…例 はい・いいえ

④ 挨拶…例 こんにちは

★ 今夜おぼえること

✪✪ 人や物事の名前を
表す単語は、名詞。

普通名詞・固有名詞・
数詞・形式名詞・
代名詞の五つ。

旅行（普通名詞）

京都（固有名詞）
きょうと

🌙 単独で接続語になる
接続詞。

単独で独立語になる
感動詞。

カツカレー、もしくは
天丼で迷う。
てんどん
接続詞

おぉ!
感動詞

146

★★ 用言は、動詞・形容詞・形容動詞の三品詞。活用する自立語で、単独で述語になることができる。

例 毎朝七時に起きる。動詞

今朝は少し寒い。形容詞

校庭の桜の花がきれいだ。形容動詞

🌙 体言は、名詞のみ。活用しない自立語で、付属語を伴って主語になることができる。

例 私が学級委員だ。名詞 付属語

明日は晴れるらしい。

桜はバラ科の花だ。

名詞かどうかは、「が・は」を付けて主語になるかどうかで確かめることができるよ。

💤 寝る前にもう一度

🌙🌙 自立語のうち、活用する単語の動詞・形容詞・形容動詞を、用言という。

🌙 自立語のうち、活用しない単語の名詞を、体言という。

147

国語

単語
├ 付属語
│ ├ 活用する ── 助動詞
│ └ 活用しない ── 助詞
└ 自立語
   ├ 活用しない
   │ ├ 独立語になる ── 感動詞
   │ ├ 接続語になる ── 接続詞
   │ ├ 修飾語になる
   │ │ ├ 連体詞
   │ │ └ 副詞
   │ └ 主語になる ── 名詞　体言 ☽
   └ 活用する
      └ 述語になる　用言 ☀
         ├ 動詞
         ├ 形容詞
         └ 形容動詞

● 自立語は、それだけで意味がわかる単語で、単独で文節を作ることができる。一文節に必ず一つ、常に文節の最初にある。

● 付属語は、それだけでは意味がわからない単語で、必ず自立語のあとに付いて文節の一部になる。

「桜は 春に 咲きます。」のように自立語のあとに付属語が付くね。

● 単語が活用するときに、変化しない部分を「語幹」、変化する部分を「活用語尾」という。

例 読む

語幹…活用しても形は変化しない
読ま ナイ　読み マス

活用語尾…活用すると形が変化する

下に続く「ナイ」「マス」などの言葉によって、活用語尾が変化するんだね。

寝る前にもう一度

● 自立語は単独で文節を作ることができる。付属語は自立語のあとに付いて文節の一部になる。

● 活用とは、あとに続く言葉や文中での働きにより、語形が変化すること。

✿ 自立語は**単独**で文節を作ることができる。

付属語は**自立語**の**あと**に付いて文節の一部になる。

自
試合は、
付
自
付
来週だ。
自
付

🌙 活用とは、あとに続く言葉や文中での働きにより、語形が変化すること。

歌わナイ
歌いマス
歌え

歌いなさい

150

★ 今夜のおさらい

修飾語には二種類ある。

● **連体修飾語**…**体言**（名詞）を含む文節に係る。

例 **きれいな**青空。

● **連用修飾語**…**用言**（動詞・形容詞・形容動詞）を含む文節に係る。

例 **じっと**見上げる。

独立語は、「はい」「まあ」のように、文の最初にくることが多いよ。

連文節とは、二つ以上の文節がまとまって、一つの文節のような働きをするもの。

例 **パンと牛乳を**買う。
修飾部

少し休んだので、元気だ。
接続部

二組の川村さん、職員室
独立部

まで来てください。

それぞれ、主部・述部・修飾部・接続部・独立部というよ。

😴 寝る前にもう一度

🌸 文の成分は、主語・述語・修飾語・接続語・独立語の五つ。

🌙 文の成分は、一文節なら「〜語」、連文節なら「〜部」。

151

★ 今夜 おぼえること

✿ 文の成分は、

主語・述語・

修飾語・接続語・

独立語の五つ。

練習したので、
接続語

私が　優勝した。
主語　　述語

やった！
独立語

🌙 文の成分は、

一文節なら「〜語」、

連文節なら「〜部」。

祖母が　来た。
主語　　述語

祖母と祖父が
主部

やって来た。
述部

152

✦✦✦

● 「何が」「誰が」に当たる文節を **主語** という。

● 「どうする」「どんなだ」「ある・いる・ない」「何だ」に当たる文節を **述語** という。

● 「いつ・どこで・どのように・どのような」などを説明する言葉を **修飾語** という。

例

誰が	主語
どんな	修飾語
被修飾語	述語
どうする

子犬が、広い野原を走る。

✦✦

● 文節どうしの関係には、主語・述語の関係、修飾・被修飾の関係がある。

🌙

● 文節どうしの関係には、接続の関係、独立の関係、並立の関係、補助の関係がある。

（寝る前にもう一度……）

🌙

● **接続** の関係の例。

接続語（あとの内容の理由）

例 **疲れ**たので、休んだ。

● **独立** の関係の例。

独立語（他とは係り受けがない）

例 ああ、うれしい。

● **並立** の関係の例。

対等の関係

例 安くて おいしい 店。

● **補助** の関係の例。

「食べる」に意味を添える

例 食べて みる。

★ 今夜おぼえること

✦✦ 文節どうしの関係には、主語・述語の関係、修飾・被修飾の関係がある。

修飾語
黄色い
被修飾語
小鳥だ。

小鳥が — 主語
鳴く。— 述語

☽ 文節どうしの関係には、接続の関係、独立の関係、並立の関係、補助の関係がある。

安くて かわいい。
並立

うん!
独立

付けて みて。
補助

154

✿✿ 文章 には、小説・随筆・論説・短歌・俳句などがある。

段落 には、書き出しを一字下げた 形式段落 と、形式段落を意味の上からまとめた 意味段落 がある。

文 には 句点（。）ではなく、疑問符（？）や 感嘆符（！）で区切られたものもある。

言葉の単位の大きさは、文章↓段落↓文↓文節↓単語の順だよ。

💤 寝る前にもう一度

🌙 文章は言葉の最も大きな単位、段落は内容的なまとまり、文は句点（。）で区切られたまとまり。

🌙 文節は不自然でない程度に区切ったもの、単語は意味をもった言葉の最小の単位。

🌙 文節 の区切り目は、「ね・さ・よ」を入れて自然に切れるところである。

例 私は ね 動物が さ 好きだよ

●「〜している」「〜すること」は、「〜して／いる」「〜する／こと」と文節に区切るが、「話し続ける」のような 複合語 は一単語。

単語の種類は、P148の品詞分類表で詳しく扱うよ。

155

★ 今夜おぼえること

✹✹ 文章は言葉の最も大きな単位、段落は内容的なまとまり、文は句点（。）で区切られたまとまり。

（文章）

外は雨だった。
文

。
。

段落　段落

🌙 文節は不自然でない程度に区切ったもの、単語は意味をもった言葉の最小の単位。

私は 　単語／単語　→文節
動物が 　単語／単語　→文節
好きだ。 　単語　→文節

□□

月 月

日 日

国語

156

● 意味が 似ている 漢字を重ねた二字熟語の構成の例。
例 豊富・貯蓄・幸福

● 意味が 反対 や 対 になる漢字を重ねた二字熟語の構成の例。
例 盛衰・禍福・伸縮

● 上の漢字が 主語・下の漢字が 述語 の二字熟語の構成の例。
例 国立・地震・腹痛

● 下の漢字が上の漢字の 目的や対象 を表す二字熟語の構成の例。
例 延期・握手・遅刻

● 上の漢字が下の漢字を 修飾 する二字熟語の構成の例。
例 急用・強風・駅前

「手を握る」「強い風」のように熟語を文として読んだり、言葉を補って文の形にしたりすると、わかりやすいね。

寝る前にもう一度……

☾ 意味が似ている漢字、意味が反対や対になる漢字を重ねた構成。上の漢字が 主語 で下が 述語 の構成。

☾ 下の漢字が上の漢字の目的や対象を表す構成。上の漢字が下の漢字を修飾する構成。

国語

★ 今夜おぼえること

✪ 意味が似ている漢字、意味が反対や対になる漢字を重ねた構成。上が主語で下が述語になる構成。

例 善良…善い＝良い
似た意味

善悪…善い⇕悪い
反対の意味

雷鳴…雷が 鳴る
らいめい かみなり
「雷」が主語
「鳴」が述語

🌙 下の漢字が上の漢字の目的や対象を表す構成。上の漢字が下の漢字を修飾する構成。
しゅうしょく

例 作文…作る 文を
「文」が「作」の目的・対象

親友…親しい 友
「親」が「友」を修飾

158

☆☆

へん…例 イ（にんべん）

つくり…例 刂（りっとう）

かんむり…例 宀（うかんむり）

あし…例 灬（れんが・れっか）

たれ…例 广（まだれ）

にょう…例 辶（しんにょう・しんにゅう）

かまえ…例 門（もんがまえ）

部首は、複数の漢字に共通する部分のことだね。例えば「イ」の字には、「休・仏・仁」などがあるよ。

● 筆順には、代表的な原則が七つある。

① 上から下へ。 例、言言

② 左から右へ。 例 丿州州

③ 横画が先。 例 一十土

④ 中央が先。 例 亅小小

⑤ 外側が先。 例 一冂同

⑥ 左払いが先。 例 ナ广文

⑦ 貫く画は最後。 例 口口中

原則に当てはまらない筆順もたくさんあるから、一字一字覚えることが大切だよ。

22 寝る前にもう一度

☆ 部首は、へん・つくり・かんむり・あし・たれ・にょう・かまえの七つ。

● 筆順の二大原則は、①上から下へ。②左から右へ。

159

★ 今夜おぼえること

✿ 部首は、へん・

つくり・かんむり・

あし・たれ・にょう・

かまえ の七つ。

休 〈へん〉 助 〈つくり〉 家 〈かんむり〉

☽ 筆順 の二大原則は、

① 上から下へ。

② 左から右へ。

三 （上から下へ） 1 2 3

川 1 2 3 （左から右へ）

国語

□□ 月 月 日 日

シリーズ累計
250万部※
突破!

🌙\ おやすみ前
寝る前5分

☆ 持ち運びに便利な
ポケットサイズ!

わかりやすいイラストで
楽しく覚えられる!

重要なところだけ
サラッとおさらい!

頭にしみこむ
\メモリータイム!/

改訂版

寝る前5分
暗記ブック
中3 高校入試
中1・中2の復習つき

英語　数学　理科　社会　国語

Gakken

赤フィルター
つき

中学生には

中1　中2
中3 高校入試
中学実技

高校生には

☆ 高校日本史　高校世界史
高校化学基礎　高校生物基礎
高校古文・漢文　高校地学基礎

の新習慣！
暗記ブックシリーズ

英検®にチャレンジ！

- 英検®5級
- 英検®4級
- 英検®3級
- 英検®準2級

頭にしみこむ
メモリータイム！
寝る前 **5** 分
暗記ブック
英検5級

推薦

文法　単語　会話

無料
ダウンロード
音声

Gakken

頭にしみこむ
メモリータイム！
改訂版
寝る前 **5** 分
暗記ブック
漢検5級

読み　部首　対義語類義語　四字熟語

配当漢字表
つき

Gakken

漢検にチャレンジ！

- 漢検5級
- 漢検4級
- 漢検3級

編集協力：上保匡代，有限会社オフサイド，鈴木瑞穂，有限会社マイプラン，野口光伸，木村紳一

表紙・本文デザイン：山本光徳
本文イラスト：山本光徳，根津あやぼ，株式会社アート工房，まつながみか，さとうさなえ，鹿又きょうこ，森永み
DTP：株式会社明昌堂　データ管理コード：23-2031-1343（CC19）
図版：有限会社アズ，木村図芸社，株式会社明昌堂

※赤フィルターの材質は「PET」です。

◆この本は下記のように環境に配慮して製作しました。
・製版フィルムを使用しないCTP方式で印刷しました。
・環境に配慮して作られた紙を使用しています。

寝る前5分 暗記ブック 中1 改訂版